叩开营理的第一扇门

主 编 彭 飞
副主编 何 庄 王 康 高 平
参 编 于莉莉 刘 飞 伊新华
　　　 林雨舒 孙泽洋 刘 旭

北京理工大学出版社
BEIJING INSTITUTE OF TECHNOLOGY PRESS

版权专有 侵权必究

图书在版编目（CIP）数据

叩开营理的第一扇门 / 彭飞主编 .—北京：北京理工大学出版社，2020.8（2024.7 重印）
ISBN 978-7-5682-8819-4

Ⅰ.①叩⋯ Ⅱ.①彭⋯ Ⅲ.①大学生－入学教育 Ⅳ.① G645.5

中国版本图书馆 CIP 数据核字（2020）第 137716 号

出版发行 /	北京理工大学出版社有限责任公司
社　　址 /	北京市海淀区中关村南大街 5 号
邮　　编 /	100081
电　　话 /	（010）68914775（总编室）
	（010）82562903（教材售后服务热线）
	（010）68948351（其他图书服务热线）
网　　址 /	http：//www.bitpress.com.cn
经　　销 /	全国各地新华书店
印　　刷 /	三河市华骏印务包装有限公司
开　　本 /	850 毫米 ×1168 毫米　1/32
印　　张 /	7.5
字　　数 /	190 千字
版　　次 /	2020 年 8 月第 1 版　2024 年 7 月第 3 次印刷
定　　价 /	18.00 元

责任编辑 / 江　立
文案编辑 / 赵　轩
责任校对 / 周瑞红
责任印制 / 李志强

图书出现印装质量问题，请拨打售后服务热线，本社负责调换

卷 首 语

几多努力、几番等待,这座校园终于与你在时光中相逢。

欢迎你将自己的坐标定位于辽宁营口,这是一座冬无严寒、夏无酷暑、宜居宜游的海滨城市,也是崇德尚礼的文明之城。更欢迎你将自己的坐标定位于营口理工学院,这是一个充满梦想的知识殿堂。从今日起,你的生命中将镌刻着它的名字,你的神采中将洋溢着它的气息。

教会学成,学以致用。营口理工学院以建设高水平、有特色应用型大学为发展目标,现为教育部"产教融合创新实验项目"5所基地学校之一,教育部数据中国"百校工程"建设高校之一,首批辽宁省面向应用型转变的10所试点院校之一,也是工程师的摇篮。学校大力培养应用型人才,深入推进人才培养模式改革,加大实践教学力度,加强实训、实习教育基地建设,加强创新创业教育,建立政产学研合作育人机制,全面提升人才培养质量。

同学们,营口理工学院是一所有朝气的学府。它像你一样年轻俊朗、活力四射,像你一样朝气蓬勃、斗志昂扬。这里的校园桃李芬芳、春风化雨;这里的师者传道授业、孜孜不倦;这里的学生渴慕知识、笃实好学;这里的精神务实进取、开拓创新……这里是未来四年与你朝夕共处的地方,这里也会是此去经年让你魂牵梦绕的他乡!

大学,是放飞梦想的地方,是读书求学的场所!营口理工学院欢迎你来!你的样子就是这里未来的样子!

2020年6月

目 录

第一篇 环境适应篇

第一章 选择一所学校爱上一座城市 ·················· 3
 第一节 结缘营口 ························· 3
 第二节 走进大学 笑傲营理 ···················· 6
第二章 面对现实问题也需从容不迫 ················· 9
 第一节 乐活营理 ························· 9
 第二节 学长带你游校园 ····················· 13
 第三节 学姐领你逛营口 ····················· 16
第三章 汇集营理智慧待你增添风采 ················· 18

第二篇 行为规范篇

第四章 日常文明行为 ······················· 23
 第一节 校园日常行为规范 ····················· 23
 第二节 学姐学长盘点最令人反感的校园不文明行为 ········· 24
 第三节 校园文明礼仪小测验 ···················· 26
第五章 人际交往 ························· 29
第六章 责任承载 ························· 33
第七章 养成教育 ························· 36

第三篇 日常安全篇

第八章 学习安全 ·····45
第一节 "魅力营口一日行"活动安全 ·····45
第二节 教学安全 ·····45

第九章 个人财产安全 ·····48
第一节 防诈骗 ·····48
第二节 防盗抢 ·····53
第三节 预防校园贷 ·····57

第十章 消防安全 ·····59
第一节 高校火灾实例及防范 ·····59
第二节 发生火灾时自救逃生准则 ·····60

第十一章 出行安全 ·····62
第一节 常见交通问题及防范 ·····62
第二节 户外安全问题及防范 ·····63
第三节 自然灾害及防范 ·····64

第十二章 疾病及心理问题预防 ·····65
第一节 食物中毒、传染病实例及防范 ·····65
第二节 大学生常见心理问题及防治 ·····66

第十三章 社会实践安全 ·····68
第一节 勤工俭学、就业择业安全问题及防范 ·····68
第二节 传销骗局的防范 ·····69

第十四章 网络安全 ·····71
第一节 网络成瘾及预防 ·····71
第二节 预防网络犯罪 ·····72

第十五章　国家安全····················74
第一节　保守国家机密··················74
第二节　抵制邪教·····················75

第四篇　学业指导篇

第十六章　大学学习与高中学习的不同··········80
第一节　大学与高中学习要求不同············80
第二节　大学与高中课程设置不同············81
第三节　大学与高中教学方法不同············81

第十七章　大学学习成绩如何考核·············83
第一节　学分制·····················83
第二节　课程考核····················84
第三节　学习成绩排名··················85

第十八章　大学如何科学地学习··············88
第一节　树立良好的学习态度···············88
第二节　制订明确的学习计划···············91
第三节　养成良好的学习习惯···············92

第五篇　心理适应篇

第十九章　认识心理咨询·················101
第一节　概念的区分···················101
第二节　心理健康和心理不健康的具体内涵········101
第三节　心理咨询基本理论················102
第四节　大学生中哪些人需要心理咨询··········106

第二十章　大学生心理问题实例分析············108

| 第一节 | 抑郁症 | 108 |

| 第二节 | 焦虑 | 113 |

| 第三节 | 恐惧症 | 116 |

| 第四节 | 嫉妒等人格缺陷 | 119 |

第二十一章　心理疾病的预防 122

第一节　如何发现心理不健康现象 122

第二节　积极乐观地面对生活 124

第三节　心理健康水平的十标准 124

第六篇　组织发展篇

第二十二章　明确入党条件 131

第二十三章　了解入党程序 133

第一节　积极分子的考察和培养 133

第二节　预备党员的发展 137

第三节　预备党员的教育和转正 143

第七篇　学生活动篇

第二十四章　学长带你看精品 147

第一节　魅力营口一日行 147

第二节　大学生社团风采展 147

第三节　一二·九爱国主义系列活动 148

第四节　青春音乐会 148

第五节　营口有礼　雷锋文化系列活动 148

第六节　青春年轮·绿植校园 149

第七节　五四青春合唱大赛 149

第八节　校园生活技巧大赛 …………………………………… 149

　第九节　校园吉尼斯 …………………………………………… 150

　第十节　风筝大会 ……………………………………………… 150

　第十一节　名人讲堂 …………………………………………… 150

　第十二节　国际大学生节百米长卷书画大赛 ………………… 151

第二十五章　学姐带你逛社团 …………………………………… 152

　第一节　文化艺术类社团 ……………………………………… 152

　第二节　体育竞技类社团活动 ………………………………… 157

　第三节　理论学习类社团 ……………………………………… 162

　第四节　社会实践与公益志愿服务类社团活动 ……………… 163

　第五节　专业学科类社团 ……………………………………… 164

　第六节　学生团体 ……………………………………………… 172

第八篇　家规家法篇

第二十六章　家规如是 …………………………………………… 177

　第一节　什么是家规 …………………………………………… 177

　第二节　家规的战斗力 ………………………………………… 178

　第三节　学长痛述血泪史 ……………………………………… 180

第二十七章　家规详单 …………………………………………… 181

　第一节　法律法规——不可逾越的雷池 ……………………… 181

　第二节　社会秩序——平等虔诚的敬畏 ……………………… 184

　第三节　课堂宿舍——决定成败的坚持 ……………………… 186

第二十八章　有请家法 …………………………………………… 191

　第一节　评奖评优说再见 ……………………………………… 191

　第二节　学生干部无缘选 ……………………………………… 192

    第三节　同学威信跌谷底 ································· 193
    第四节　档案污点伴一生 ································· 194
第二十九章　避规神器 ····································· 196
    第一节　三观正心头 ····································· 196
    第二节　慎独则心安 ····································· 197
    第三节　学业记心间 ····································· 197
    第四节　知错能改善莫大焉 ······························· 199

第九篇　奖优助困篇

第三十章　政策简介 ······································· 203
第三十一章　奖学金的评定 ································· 207
    第一节　奖学金的种类 ··································· 207
    第二节　奖学金的评定流程 ······························· 209
    第三节　奖学金的发放和使用 ····························· 210
第三十二章　助学金的评定 ································· 213
    第一节　贫困认定 ······································· 213
    第二节　国家助学金 ····································· 221
第三十三章　助学贷款和勤工助学 ··························· 223
    第一节　生源地助学贷款 ································· 223
    第二节　勤工助学 ······································· 229

第一篇 环境适应篇

当火车鸣响着开赴远方时，故乡的清秀山水化为了留在月台的一丝淡淡惆怅。父母远了，恩师远了，母校远了……每一个远行上大学的孩子，就这样略带忧伤地对熟悉的生活作别。新的城市，新的学校，新的朋友，新的梦想……每一个远行上大学的孩子，又这样充满憧憬地迎接新的人生。

第一章　选择一所学校爱上一座城市

第一节　结缘营口

城市如人，每座城市都有其独具特色的"性格"和"品味"。首先，对营口这座城市的名字进行一下趣味解读。

"营口"这两个字里面有三个"口"字，这在所有中国城市的名字中是独一无二的。三个"口"的笔画相同，却拥有各自不同的内涵：第一个"口"与地理有关，说的是营口位于大辽河入海口，中国七大水系之一的大辽河就从营口奔流入海。全世界所有的入海口城市都风光优美，适宜人居，营口也不例外。第二个"口"是关于历史，营口是百年港口，是东北最早的对外通商口岸，当时因其繁华，被誉为"东方贸易总汇"和"关外上海"。第三个"口"与战略位置有关，营口是东北最近的出海口，也是东北对外开放的海上门户，是连接沿海和东北内陆最重要的窗口。关于营口的三个"口"字，央视著名主持人董卿有更风趣的理解。她在主持营口市的一场大型文艺晚会中风趣地说："营口的第一个'口'字，代表人口，居民多，人丁旺，说明营口是一个宜居宝地；第二个'口'字，代表入口，一口海鲜，一口大米,一口水果,这里的人一定很有口福;第三个'口'字,代表笑口,咧开三个口一起开怀大笑,城市的名字都绽放着笑容,说明这里的人乐观、热情和友好。同时,营口的'营'字也和'欢迎'的'迎'、'赢得'的'赢'谐音,所以,各位来营口的朋友,在这里一定会赢得友谊、赢得机遇、赢得未来。"那么,就让我们一起走进营口,领略这座城市的"性格"和"品味"。

一、营口地理

营口是辽宁省的一个地级市,位于辽宁省的南部、渤海湾的东北岸,是全国沿海重点开放城市之一。营口依河傍海,夏无酷暑,冬无严寒,四季分明,年平均气温 8.7 ℃。春天山花烂漫、夏天海边避暑、秋天满山红遍、冬天银装素裹,使得营口的一年四季都是一幅美丽的图画。

二、营口交通

沈大高速公路、哈大铁路、哈大铁路客运专线纵贯营口全境,其中,沈大高速公路、哈大铁路客运专线营口境内分别达到 94 千米和 96.8 千米,构成以营口为节点的辽宁 9 个城市的 90 分钟城市圈。营口港更是东北第二大港口,拥有 65 个生产性泊位,与 50 多个国家和地区的 140 多个港口通航。

高速铁路、高速公路、辽河特大桥,3 亿吨大港和营口兰旗机场,已经形成了"陆海空"立体交通体系。作为振兴东北老工业基地、辽宁沿海经济带和沈阳经济区国家三大发展战略的叠加区,营口的枢纽地位优势将更加突出。

三、营口产业

营口产业基础雄厚,经济发展势头强劲。以冶金、石化、装备制造、镁质材料、纺织服装、新型建材为主导的六大支柱产业已具规模,港口经济发展迅速,物流配送、温泉旅游等新兴服务业增势强劲。近些年来,营口主要经济指标增幅位居全省14个市的前列,经济总量位居沈阳、大连、鞍山之后的第四位,现代新型沿海工业城市特征日益鲜明。

四、营口游踪

营口依山傍水、风光秀美、自然景观天成,她不仅是一个充满活力和发展潜力的城市,更是一个绝佳的旅游胜地。其山、海、河、林、泉、寺交相辉映,具有历史悠久的人文景观和独具特点的自然景观。这里有中国敬母圣地望儿山、东北黄金海岸月牙湾、特殊海蚀地貌北海龙宫一条街、东北第一泉熊岳温泉、"亚洲金字塔"二台石棚、清代时期东北重要海防工程西炮台、百年商埠源头辽河老街、东北四大禅林之一楞严禅寺等。营口温泉资源丰富,温泉旅游业发展潜力巨大。冰雪温泉、海滨温泉、森林温泉等特色温泉众多,荣获"国际最佳温泉休闲旅游胜地""中国十大特色休闲城市""中国十大温泉养生基地""中国最佳旅游资源城市""中国优秀生态旅游区"等多项殊荣,凝聚了各界人士对营口以及营口温泉的高度赞誉。

五、营口美食

营口靠山近海,山货、海货齐全;她又位于大辽河入海口,为东北出海门户,辽河流域的地方文化和以"闯关东"为代表的移民文化汇聚营口,形成了南北文化和农牧渔业文化的交流。这些因素使营口形成了农林牧副齐全、山货海鲜齐备的饮食文化特色。营口河海交汇,因其地缘,食材丰富。大鲁子鱼、河刀鱼、鲅鱼、大头宝鱼、筒扣鱼、海鲶鱼等,为营口所特有。除了鱼类,营口还盛产虾蟹,其中营口稻田蟹肉质鲜美,绿色生态,闻名全国。从2012年开始,营口连续举办了三届"红运杯"营菜大赛,品营口特色美食,打造营口特色餐饮文化,营菜已成为营口的一个品牌。随着营口在辽宁沿海经济带的率先崛起,这座集山、海、河、林、泉、寺的港城将开创自成一系的美食文化。

第二节 走进大学 笑傲营理

临近秋季开学,大学新生们正整装行囊,准备迎接新的生活。如何尽快适应大学学习生活,除了物质上的准备,还需要做充分的心理适应准备。

一、尽快走出学业迷茫

准备进入大学的新生一般不了解基础教育与高等教育学习方式有着质的区别,入校后有可能出现诸多的不适应。学生入学后首先要明白大学期间的学习是主动性求学,而非高中阶段的被动性灌输;其次大学教育更多是引导和启发,而非高中阶段提供固定的问题答案;再次大学是高手林立的地方,不能因为自己缺乏竞争优势而心理失衡,引发对自信心的怀疑与挑战。

二、学会克服生活自卑

来到大学以后,学生对物质生活方面的关注程度会不断提高,如果对物质生活的重视高于对学业知识的重视,就会出现关注视点的错位,容易引起一系列后续问题。特别是一些农村孩子初到大城市,进入与家庭生活环境截然不同的大学校园后,巨大的条件反差会让他们行为和心理上产生强烈的不适应。因此,广大新生要做好心理准备,摆正自己的心态,用努力和汗水来换取明天的幸福生活。

三、学会调适心理冲突

"00后"明显的行为特点是自我,也因此会面临更多的迷茫、焦虑和冲突。为此，社会、学校、家庭要培养新生独立生活、学习、交往的能力。

在大学学习，第一，要学会对自己的行为负责。尤其要认真了解学校发的新生入学手册，它对新生接受新的学习生活环境有很大的帮助。实际上，许多学生并没有在意。第二，要了解大学是学生进入社会磨炼之前的过渡时期，需要学生接触社会，学会分析和判断，避免混淆是非、随波逐流。第三，是要学会接受帮助。大多数高校都会对新生进行心理测查，对有需要者提供帮助，而有的学生会有一定的抗拒心理。其实，青少年的心理弹性很大，有了问题只需稍微帮助就能轻松解决。尤其是贫困生进入高校并努力学习，国家和学校都会为他们完成学业提供帮助，完全没必要有过重的心理负担。

四、理智面对恋爱情感

尽管大学谈恋爱已逐步被社会接受，但也面临着各种因心理不成熟而引发的冲突。大学生应培养自己的观察能力，尤其不能与人格有缺陷、过于自私的人轻易谈恋爱。要多听取朋友的建议，并多看一些相关书籍。同时，认真思考"想找到适合自己的另一半，自己是否有爱的能力"。

五、适应大学学习方式

大学学习没有了老师的监督，很多课程都可以根据自己的兴趣进行自主选择。对于那些对高考填报志愿不满意的同学，学校也提供了改换专业的机会。图书馆是知识的发源地，闲暇时间多去转转，终归有好处。经常去图书馆看书，能够掌握更多的课外知识，期末复习的时候也会很轻松，避免通宵达旦的惨痛经历。大学期间，学习永远是学生的第一要务。如果可以早早地知道自己想要什么，尽早规划，那是最好的。

六、巧妙处理人际关系

对于大学新生来说,同学之间的关系(尤其是同一寝室同学的关系)是困扰大学生的一个比较严重的问题。例如,2018级材料科学与工程专业的王同学在刚入大学时就遇到了这样的问题。入学后的第一个月,寝室里几个同学亲密无间,日常生活也整齐划一,而到了第二个月,由于大家分别来自不同的地域和不同的家庭,在思想观念、价值标准、生活方式、生活习惯等方面都存在着明显的差异,彼此之间便发生了诸多不愉快。

人际关系是准大学生的必修课,新生初入大学校园应该有意识地加强以下几方面的修养。

第一,学会包容别人。很多同学都没有住校经历,上大学之前一个人生活习惯了,突然要和几个人共用一个寝室,就必须学会包容别人的生活方式。如果别人的生活方式有碍于你的生活,就需要委婉地提出意见,并适当地进行自我调整(如调整作息时间)。

第二,主动交往。要想处理好和同学之间的关系,还要做到对人宽、对己严,切忌以自我为中心。在平时的生活中,要主动与同学打招呼,主动和同学讲话,主动帮助别人。此外,要主动去做一些公共工作,增加同学们的好感。

第三,讲究技巧。在与同学相处时应坦诚相待,但在给同学提意见时,必须动脑筋,讲究方法和技巧。需要注意的一点是,给别人提意见一定不能当着众人,以免使对方难堪、丢面子。

第二章　面对现实问题也需从容不迫

第一节　乐活营理

一、从容面对独立生活

上大学后，对准大学生来说，最大的变化就是生活环境的改变，没有了父母、长辈每日的悉心照料，许多事情都需要独自处理；从单处一室的"独立王国"到4～6人"群居"的集体宿舍；从按"需要"作息到按"规定"作息……这些生活环境和习惯的改变，对没有过住校经历的同学来说，都是一次考验。

面对这些变化，寝室成员应发挥团结友爱作风，相互提醒、相互迁就，携手共度大学时光。

二、掌管好自己的"小金库"

虽然从参加高考到进入大学，只有几个月的时间，但大学新生的生活费却是成倍地增长。根据对2018级部分学生进行调查了解到，有同学以前在高中的时候每月零花钱只有五六百元，上大学时家里都要给一两千元的月生活费，这对他们来说确实是一笔"巨款"。刚入高校时，同学们都没有太多"理财"的经验，有的同学在最初的时间里大手大脚，逛街、旅游、聚餐……半个月就把钱花得差不多了，以后的日子只好节衣缩食或向父母索要。

在大学里不少同学因为不会理财，日子过得"前松后紧"，甚至到学期末要借债生活。因此，大学新生要树立"理财"观念，在生活中，哪些开支是必需的、哪些开支是完全不必要的、哪些是可有可无的，都要注意区分鉴别。尤其要根据父母的经济能力和自己"勤工俭学"的能力来进行日常消费，切不可盲目攀比。

上届学姐如是说，大学新生理财一个比较有效的方法是每个月初都制订一个切实可行的"消费计划"，并且要尽量按照计划执行，多余的钱可以存起来，以备不时之需。

三、按时作息有规律

根据 2017 年考入我院电气工程及其自动化专业的王同学介绍，刚入大学时感觉大学和高三简直是天壤之别：高三的生活是两点一线，写不完的作业和背不完的书，如同一只拧紧的陀螺，而大一新生学习压力则很小，又没有家长和老师的监督，这种期待已久的自由，让很多同学最初感觉"不知所措"，使生活一下子懒散了许多。

良好的生活习惯是确保顺利度过大学阶段的一个重要基础。为了让大学生活过得充实，准大学生从一进大学起，就要学会培养以下良好的生活习惯。

第一，按时作息，养成早睡早起的习惯。2018 级物流管理专业的李同学介绍，学校公寓里每晚 10 点 40 分准时熄灯，有的同学精力旺盛，习惯在晚上卧谈，深夜两三点钟仍毫无困意，结果第二天上课时非常疲惫，根本无心听课，有时干脆旷课，在宿舍里补足睡眠。长期如此，不仅影响课业，还容易引起失眠。晚睡的同学大都会晚起，一个直接的影响是饮食不规律，很多人来不及吃早饭便去上课，时间一长，身体肯定会受到影响。

第二，坚持体育锻炼。"文武之道，一张一弛"，学习之余参加一些文体活动，不但可以缓解刻板紧张的生活，还可以放松心情，有助于提高学习效率。听音乐、跑步、打篮球、踢足球等都有助于增强体质，提高对疾病的抵抗力，这是一种积极的休息。

第三，远离不良生活方式。由于没有监督，有的同学一进大学就开始放松对自己的要求，沾染上吸烟、酗酒等不良生活行为。其实，大学并不是学习的终点，而是一个新的起点，这些不良行为将成为大学生求学道路上的一大障碍。

四、课余时间开拓特长

营口理工学院团委王老师认为，大学校园与中学校园一个显著的区别就是大学的课余生活丰富多彩。除了日常的教学活动之外，还有各种各样的讲座、讨论会、学术报告、文娱活动、社团活动、公关活动等。这些活动对于大学新生来说，的确令人眼花缭乱，因此，对于如何安排课余时间，大学新生常常是没有计划的。

合理地安排课余时间，首先对自己近期内的活动要有一个理智的分析，看看自己近期内要达到哪些目标，各种活动对自己发展的意义又有多大，然后做出合理的选择，并且在执行计划中不断地修正和发展。大学新生要善于利用课余时间，开展一些有益的文娱活动，尽量培养多种兴趣爱好，陶冶情趣，使生活得到充实与丰富。大学时最好拥有一项或多项自己有兴趣而又擅长的爱好，不仅有利于建立自信心，还能增强社会适应能力。

另外，最好能专门制订一份休闲计划，对一些较重大的节假日和休闲项目做出妥当的安排，使休闲和学习有条不紊地进行，身心得到有效放松。

五、大学新生常见的四种困难及其应对

由于不熟悉大学生活，很多大一新生在入学之初都会遇到这样那样的难题，时间久了就会发现这些都只是小问题。

【难题一】去食堂

我们学院一共有两个食堂，分别是位于生活服务中心对面的餐

饮服务中心一部和位于图书馆北侧的餐饮服务中心二部。一部内一楼设有学生普通套餐窗口,二楼设有包括回民档口在内的各类特色风味饮食档口,基本能满足不同地区学生的就餐需求;二部一楼是学生食堂,二楼和三楼是学院体育部办公及部分教学区,大家千万别走错地方了。

走进大学食堂,很多新同学看着各式各样的饭菜,不知如何选择,西红柿还是黄瓜?面条还是米饭?馒头要买几个……不少同学都会被这些"难"住;有的同学倒是方便,看着喜欢的就买,一顿饭要买三、四种菜,吃不完浪费掉;还有的同学习惯了在家中安静地吃饭,坐在学校大餐厅里,怎么也吃不下去,唯恐别人看到自己的"吃相"……新生在食堂要牢记按需买饭,避免浪费。

在这里编者诚意推荐食堂一部二楼的热拌面、关东饼、奥尔良鸡腿饭,食堂二部的麻辣拌。另外,新同学如发现哪家美食好吃,别忘了回馈给我们!

【难题二】打开水

大学里每人需要准备一个暖水瓶,学校每天定时供应热水,大一新生打水,最容易出现的问题是摔了暖水瓶烫伤人。有的新同学看到打水要做出如此大"牺牲",提到打水就紧张,其实打水之前先检查一下暖水瓶底部是否牢固,打水时先将陈水倒出,再接开水,基本就可以避开危险。

【难题三】穿衣服

从来没有为穿衣发愁的学生,刚入学也遇到了难题。有的同学发现天气没个准儿,不知道该穿些啥,不是冷了就是热了。这样的同学可以在手机上面下载一个天气预报 App,提前了解天气变化,及时添减衣服。

营口地处温带,年平均气温 8.7 ℃,1 月平均气温 -10.6 ℃,7 月平均气温 24.6 ℃,极端最低气温 -30 ℃,极端最高气温 34.9 ℃。夏季着装为半袖配单裤或短裤,冬季着装为羽绒服下身内配绒裤。开学报到期间来营口穿半袖或长袖单衣加单裤即可。

【难题四】买东西

虽然很多大一新生都是花钱高手,可是到了学校遇到了问题:手里有钱,可不知该去哪里买。结果经常有新同学被上门推销者骗,这主要是因为初来乍到,不熟悉环境。同学们可以跟高年级的学长学姐咨询,他们会告诉你哪里东西便宜,哪个小店东西全。

我们学院位于营口市区南端,从学校出发到市内各主要区域交通便捷。学生可乘坐206路公交车,15分钟左右便可到达最近商业区(包含万达广场、新玛特购物中心、财富商场等)。

交通路线延伸阅读:乘坐237路公交车,15分钟左右可到达汽车客运站;乘坐206路公交车,转乘3路、8路公交车等,半小时左右可到达火车站;乘坐237路公交车,在客运站转乘303路公交车,不计算转车等待时间,1小时左右可到达营口东站(高铁站)。

第二节 学长带你游校园

营口理工学院位于营口市的南端,校区占地面积75.7万平方米。校园有正门和西门两处,正门可以走人、走车,西门只能走人,西门距离新力大街公交车站较近,正门则离营口理工学院公交车站较近。

一、概述

学校内有教学楼7栋,分别是A、B、C、D、E、F、G座。寝室楼共10栋,分别是A1、A2、A3、A4、B1、B2、B3、B4、C1、C2。另有行政办公楼、生活服务中心、浴池、开水房、图书馆、食堂、创客空间(里面是招生就业处办公区和规划中的大学生创新创业项目实施区域)。生活服务中心:刚进门口位置有中国银行取款机和邮政银行取款机,往里面走是水果摊(比外面略贵点,但是东西不错），还有一个中型规模的超市，超市内生活用品、学习用品、食品等一应俱全，能满足学生的需求。二楼有书店，卖各种考试资料和各类书籍，能在里面订杂志，还有联通和移动营业厅，以及由营理学生自主创办经营的法斯特物流服务公司，校园内大部分的物流业务全在这里提供，此外另有理发店、复印社等。

二、食堂

食堂有两个。一食堂分为两层楼，一楼是用餐盘拼菜打饭档口，每天开放的三个时间段分别是：早上起床后到 8:00；中午 11:00 到午后 1:30；下午 4:00 到 6:30。米饭按照四角、六角、一元、一元二角的价格售卖。菜分为肉菜、素菜、拌（咸）菜，肉菜基本是鸡肉和鱼肉，偶尔会有猪肉、鸭肉和牛肉筋。肉菜的价格在 6 元到 6.5 元之间，素菜的价格在 4 元到 6 元之间，咸菜分 2 元一份和 1 元一份 2 种。打菜时一般拼两个菜就够吃了，价格是两个菜中较高的价位，所以选择打两个菜价一样的菜是合算的一件事。二楼是特色食物档口，大部分是从早九点营业到晚九点。关东饼相对而言味道还是不错的，另外还有汉堡（汉堡中材料可自主选择）、熏肉大饼、油条豆腐脑（豆腐脑真心不错）、清真风味食品（牛肉饼和酥饼）、烤肉饭（该家的手抓饼都是学生的心头大爱）。包子档口从早到晚一直营业，有各种馅料的包子和小笼包。粥铺有皮蛋瘦肉粥、燕麦粥、黑米粥、玉米粥、绿豆汤、酸梅汤、豆浆等，满足你的味蕾。二食堂只有一楼服务，主营餐盘拼菜。

三、寝室

A、B 区寝室楼为四人间寝室，楼层最高为五楼，寝室费 1 200 元 / 每人 / 每年；C 区寝室楼为六人间，楼层最高为十一楼，寝室费 1 000 元 / 每人 / 每年，楼内有四部电梯。寝室楼内都有公用卫生间和水房，床位均为上铺，床下有学习桌，限电 400 W。寝室内网费

30元/月，大二才可以办理，网速不错。

四、校园浴池

一楼是女浴池和热水房，二楼是男浴池，浴池内一律淋浴。票价6元，没有搓澡，柜门锁自备，每日下午2:00开门，晚上8:30关门。学校近点有浴德池，坐206路公交车就能到，团购25元一次，其他的浴池大家可以通过询问学长，或自己闲逛探索。

五、图书馆

一楼东侧是A～H类图书借阅流通，自习室在一楼西侧进门左转位置，一楼进门右转有中国银行取款机；二楼东侧是J～Z类图书借阅流通，二楼西侧是I类图书借阅流通，二楼北侧也有学生自习室；三楼东侧是学生自习室，三楼西侧一半是电子阅览室一半是自习室，有向读者提供以校园网电子资源信息为主的计算机网上查询服务处，三楼南侧是采编部，负责全馆各类文献的预定、验收、报账、加工、确定典藏去向等工作，三楼北侧也是学生自习室；四楼主要是办公区，包含馆长办公室、行政办公室、技术部、参考咨询部等部门，四楼东侧是期刊部，北侧是报纸存放处和二线书库。

六、校园通信

联通卡套餐：21元月租，包含200分钟免费市话，60分钟免费全国长途，1.25 G全国流量，以及500 M的微信流量，也可加入校园小号，省内通话全免，WLAN无限时长（我们现在的套餐，你们来了可能会更好）。移动卡套餐：18元，28元，38元，都不一样，两家运营商套餐细分得太多了，而且每年都在变化，不过你们到了都会有学姐学长给你们推荐的，凭自己喜好选择吧，建议多看看，对比后再选购。

第三节　学姐领你逛营口

一、购物

在学校正门乘坐 206 路公交车，第一个目的地就是大商新玛特站。万达、大商新玛特和财富中心围绕在一个交通岗的周边，基本上下车就都能看见。三家商厦集中在此处，能够满足日常衣食住行的全部需求。第二个目的地就是前行不远的电子文化商城，顾名思义，就是买各种电子用品的地方，小到 U 盘、MP3，大到电脑、投影仪，应有尽有。跟电子文化商城隔街相望的是兴隆商场，电子文化商城的南边是兴隆大厦，集娱乐、服饰、电子、超市等于一体，大家可以去领略一番。第三个目的地就是坐公交车 10 分钟路程的东升市场，东升市场旁边还有一个深港购物市场，这两个市场里面是各种摊床位，主要卖衣服、鞋、玩偶，适合逛着玩，附近有专卖店一条街，基本品牌都有，沿着品牌街向东南方向走就会看到大润发超市（本地人也叫大福源），这里是公认的东西全还便宜的地方，就是离学校比较远。与大润发超市隔着好几条街有一个叫万友的地方，是小小食品批发市场，如果你很爱吃零食不妨多去走走。

二、交通

206 路是我们主要乘坐的公交线路，其发车迅速，覆盖面广，被我院学子奉为居家旅行之必备。这条线路之前已经提到过，它途经营口理工学院、财富中心、市委广场。另外我们校门口能坐到的另一趟公交车是 229 路，这辆公交车每天有几个时间段发车，具体时间段在站牌上标明了，途经营口理工学院、客运站、大润发超市、万友、火车站，因为只有几个时间段发车，所以局限性比较大，但实用性仍然很高。还有 237 路公交车，是去长途客运站的首选，发车快，车内环境优。230 路公交车能够带领同学们去到西炮台、辽河老街，美美地一日游！

回家、出游，高铁是方便快捷之首，去高铁站首先需要坐车到长途客运站，到达长途客运站西侧阳光大药房面前的公交车站处等候高铁专线303或山寨大客（规格相对于长途大客车较小，汽车前玻璃上有营口至柳树字样，中途拉客，比较绕远，需要50分钟），票价皆为3元/人。目前高铁专线303在客运站中的最早发车时间为6:40，40分钟一班，详情咨询2166699。乘坐高铁可以到车站售票处买票（出售10天以内的车票），也可以提前在网上订票（可以买到12天以内的票）。

营口火车站，仅有两列仍在运行火车，分别是4229次营口—沈阳和K7369次营口—图们，从学校出发，乘坐206、229路公交车均可到火车站。

还有的同学选择到大石桥火车站乘坐火车，大石桥是营口的县级市，从大石桥坐客车来营口8元/人，也有跑专线的出租车，大石桥火车站到校门口20元/人。

营口兰旗机场，现已开通至上海（浦东）、北京（南苑）、西安、成都、长沙、深圳、哈尔滨、海口、石家庄、潍坊、济宁、烟台等航线，可以在营理公交站选择乘坐240路机场巴士往返机场和学校之间，每天有两到三趟往返巴士，票价5元，非常方便。也可选择乘坐沈阳、大连的飞机出行，营口东站到沈阳、大连的高铁车程均在一个小时左右。

常用咨询电话如下：

营口火车站，位于站前区辽河大街，电话：3826996，2188222。

营口客运站，位于站前区金牛山大街，电话：2144444，2166699。

营口蓝旗机场，位于营口市沿海新区蓝旗村，电话：6612167。

营口港客运码头，位于开发区黄河路，电话：6268778，6269335。

营口市公共汽车公司，位于站前区跃进里，电话：3828811，3842736。

滨城出租汽车公司，位于太和新村，电话：3301255，118114。

营口联运旅游客运有限公司，位于站前区莲花小区B1座，电话：2178099，2610862。

联运售票处，位于站前区新兴大街，电话：2631065，3311333。

西市机票代理处，位于站前区市府路，电话：2606066。

第三章　汇集营理智慧
　　　　待你增添风采

学长学姐给的 24 点建议：

1. 或许你是第二志愿录取，或许你是第 N 个专业录取，但不管你喜不喜欢本校或专业，你都要埋头苦读，都要认真学习。如果你放弃，即使有转专业的机会，也轮不到你。（我们学院第一学期期末考试排名在专业前 10% 者，有机会申请转专业，详细要求请咨询你的辅导员。）

2. 无论你读的是什么名校，开学以后，总会有些新生傲慢不逊显得出位，不过请你们谦虚一点，身怀绝技的同学大有人在。

3. 对大学生活会充满好奇，应该趁这段时间多去收集一些学校的信息，再去认识更多的朋友。

4. 前 3 年的绩点是有用的，绩点越高的同学就业工作的机会就越大。大学 4 年后，申请国外留学奖学金、免学费、免生活费同样看绩点（最好保持在 3.5 以上）。

5. 大学考试对作弊的处理还是很严的，考试时偶尔翻书的现象是有的，幸运的没被监考老师发现的同学也是有的，不过因为考试作弊受到纪律处分的更大有人在，所以最安全稳妥的方式就是考试之前好好复习，切勿把希望放在考场上，不然你都不知道自己是怎么挂科的。

6. 大学的生活丰富多彩，学习只是其中一个重要部分。大学考试的目的在于检测你是否知道，而不是精通。大学的学习基本上不需要辅导书，课堂笔记不失为一个好东西。

7. 坚持上课，每天课后平均 1～2 个小时学习，另加 1 个小时运动，考前增加一倍时间读书，学习成绩中上的，就可得到学院的三等奖学金。

8. 开学初，会出现上课提早"霸位"现象。上课时认真听讲的人请坐在固定的座位上，便于老师认识你（平时成绩会加分）。

9. 开学后大家都会很用功，有时你会觉得学习压力很大，课程也很多，所以平时重要的课程一定要好好学。

10. 学校宿舍是没有空调的，而且大一的宿舍不开通网线，校园内有移动运营商提供无线网络（有很多针对校园的优惠卡、套餐和流量包，入学后根据需要到生活服务中心选购），图书馆机房也有电脑可供使用（按时收费）。

11. 晚上学校自习室一般不会有太多人，图书馆内的学生相对而言会多一些，考试期间复习的人特别多，无论是自习室还是图书馆都需要抢位子，如果你晚上 7 点才去抢，那就没有位子可坐了。

12. 我们学校男女比例可想而知，基本上是男女比 5∶2。这里提醒男生一下：作为男生，一定要拿出男生的风度来，多体谅女生。所以，开学的时候搬行李、搬书之类的活动就要辛苦各位男生了。

13. 集体生活不可能像一个人生活这么自由，需要大家调整一下自己的生活规律。一个寝室的成员需要互相尊重体谅，尤其是遇到特殊民族、地域或习俗不同的同学，需要更多迁就他。大家要把寝室当成自己的家一样爱护。

14. "夜猫子"注意，多为别人考虑一下，不要影响室友休息，必须和室友们搞好关系，毕竟你们要一起生活 4 年，要时刻牢记你们是一家人。

15. 记住：以诚待人！只有这样才能交到真正知心的朋友。同时，要善于辨别哪些朋友你可以深交，哪些只是点头之交。尽量找些优秀的人做你的朋友，你会受益匪浅的。

16. 学校会不定期检查寝室卫生，应注意打扫，因为卫生评比与很多集体、个人的奖项评比会有联系。

17. 食堂吃饭用饭卡，在打卡的时候一定要盯着机器看，以防打错（如 4 元打成 40 元），新同学一定记得保管好饭卡，很多同学使用饭卡之后只管拿饭不管拿卡，将饭卡遗落在划卡机上。

18. 大一新生不要学着打牌，虽然这可能是你这学期唯一的休闲方式。到了下学期，大一的同学们就会往机房、网吧跑了。

19. 养成一个规律的作息时间。

20. 现在是大学了，最好是利用大学假期时间出去打工，或者出去走走，接触一下社会是很有必要的。若是要找工作的话，校园内有老师负责勤工助学。

21. 别帮室友装电脑游戏软件，虽然你的初衷是好的，但最后他会边玩游戏边诅咒是你把他教坏了。

22. 不要指望食堂里的服务员的数学水平有多高，他们加法正确率不会高于 50%，对于他们来讲，乘法比加法容易。

23. 不要到心情不好的食堂服务员窗口打饭，他会让你的蒸排骨变成蒸水蛋。

24. 不要在放假的时候把课本带回家，你一定原封不动地带回学校。

大学为学生提供了一个不断提升自身综合素质的平台，实现从学校向社会的转型。如何科学合理地利用好这个平台需要因人而异，但学好自己的专业知识，充分利用好大学的资源不断拓宽知识面，是每个学生需要共同面对的主题，也永远不会过时。对于校园环境的适应才刚刚掀起大学序幕的一角，缤纷多彩的校园时光究竟在你眼中是什么样子？在你心中有何种寄托？需要你在今后的日子里去实现、去捕捉……

第二篇　行为规范篇

良好行为习惯的养成，有助于形成良好的校风、学风和教风。集中体现了对学生思想品德和日常行为的基本要求，对学生树立正确的理想信念，促进身心健康发展起着重要作用。

第四章　日常文明行为

第一节　校园日常行为规范

1. 维护国家和集体利益，遵守外事纪律。爱国、爱校，不参与任何危害社会秩序的活动，在涉外活动中不有损国格人格、影响学校声誉的行为。

2. 维护公共秩序，遵守校园管理制度。不喧哗吵闹，不寻衅滋事、打架斗殴，不赌博、酗酒，不并行挡道，不在公众场所高声交谈。食堂购餐自觉排队，不插队和拥挤。

3. 注重个人修养，讲究以礼待人。衣着整洁得体，仪表端庄，不穿背心、裤衩、拖鞋进出教室、图书馆、办公楼等公共场所；诚实守信，说话和气文明，不讲粗话、脏话；男女交往，举止得体，自尊自爱，不做有碍观瞻之事；礼让老幼病残，礼让女士，乐于助人。

4. 勤俭节约，热爱劳动。节约用水用电，离开教室、寝室随手关灯，用餐不浪费；积极参加社会实践活动和勤工助学活动。

5. 尊重别人权利。不强迫同学做不情愿的事，不对着别人打喷嚏，不长期占用公共设施，尊重服务人员的劳动，尊重各民族宗教习俗。

6. 维护教学秩序，培养良好的学习习惯。按时上课，不迟到、不旷课、不早退。认真听讲，勤动脑，主动学习，考试不作弊。在图书馆要保持安静，手机调成静音，不得大声喧哗，走路时尽量放轻脚步，以免影响他人，离馆时不要用物品占座。

7. 自觉维护环境卫生。不随地吐痰和口香糖，不乱扔果皮、纸屑和烟蒂等杂物，不乱倒垃圾，不乱贴乱挂，不乱刻乱画，不在禁烟场所和公共区域吸烟。不在教室内吃气味浓重的食物。用完卫生间及时冲水。自觉维护宿舍卫生。

8. 爱惜公共设施和校园环境。不损坏公用设施，不攀花折木，不践踏草坪，不污损教室、寝室用品，不贪占小便宜。

9. 遵守宿舍管理制度，提倡健康娱乐。按时熄灯就寝，不喧哗、打闹，不影响他人的正常学习和休息。

10. 不观看、传播反动、淫秽书刊、音像制品，拒绝黄、赌、毒，积极参加有益的校园文体活动。

11. 遵守网络文明行为。不制作传播谣言及散布虚假信息；不传播网络病毒；不恶意攻击、骚扰，不在论坛等空间谩骂或发布不文明内容；不窥探、传播他人隐私。

第二节　学姐学长盘点最令人反感的校园不文明行为

历经十二年的寒窗苦读，历经多载梦想催化，承载恩师同窗的教诲与帮助，带着亲朋好友的祝福与期待，你们走过了6月的冲刺，7月的等待，8月收获了季节的果实，收获了更大的梦想与希望。在此，学姐学长祝福即将跨入大学校园的你们。

新的生活，新的学年，就是一个新的起点，是学道受业的延续，更是规范我们日常行为的开始。摒弃陋习与恶习，重新审视自我，规范我们的日常行为，做一个知书达理的文明人，共同携手打造营口理工学院的光辉未来！

学姐学长在校园内做了一项最令人反感的不文明行为大调查，下面就来为大家盘点一下校园中那些最令人反感的不文明行为吧。

1. 偷窃他人财物。这是必须杜绝的行为，偷窃在法律上属于犯罪，学弟学妹们切勿触碰法律的底线。

2. 缺乏卫生意识。随地吐痰，乱扔垃圾；在教室吃气味较浓的食物；把茶叶渣、咖啡包装袋等垃圾倒在水房水池中；把垃圾留在课桌上或课桌内；把垃圾留在浴室的储物柜内。

3. 手机随意打。在会场、自习室和图书馆内手机没有设为振动或静音，频繁接打电话、发短信、微信，扰乱他人。公共场合切记要以集体的利益为出发点，不能随心所欲打扰他人。

4. 图书馆不良占座。大学素来有占座的传统，如果占了座位合理利用也罢，但往往有很多同学占了座不用，浪费资源。所以提倡大家公平占座，合理利用资源。

5. 语言不文明，出口成"脏"。鉴于现在我们已经接受高等教育，出口成"脏"这类现象不应该发生在大学生身上，文明用语、文明沟通才能展现我们当代大学生的风采。

6. 用完洗手间后不冲水，宿舍走廊内大声喧哗，在宿舍楼内吸烟（主要针对男生）；很用力地关门；食堂点餐不排队；洗漱时不低头，将水溅到别人身上。这些细节性的行为，都在不经意间体现了一个人的品德与修养，还望学弟学妹们加强自我约束并养成良好的行为习惯。

7. 毁坏公共设施，浪费水、电、粮食等资源。

8. 在校园公共场所，情侣过分亲密。请注意：低调的行为、细水长流的感情才能让两个人更长久地在一起。

9. 观看和传播黄色书刊或音像制品。

10. 熄灯后，在寝室洗漱间洗漱，在走廊里不停打电话，影响他人休息。睡眠是人一天中十分重要的时刻，做一个文明守行的人，让大家都拥有好的睡眠质量。

12．吸烟、酗酒。吸烟有害健康，酗酒减少寿命。不吸烟、不酗酒才能让自己活得更加健康、快乐。

第三节　校园文明礼仪小测验

　　文明礼仪是人类为维系社会正常生活而要求人们共同遵守的基本道德规范，对一个人来说，礼仪是一个人的思想道德水平、文化修养、交际能力的外在表现；对一所高校来说，礼仪是学生风貌、校园氛围、道德水准等软实力的综合体现；对一个社会来说，礼仪是一个国家社会文明程度、道德风尚和生活习惯的反映。讲究礼仪，遵从礼仪规范，可以有效地展现一个人的教养、风度与魅力，更好地体现一个人对他人和社会的认知水平和尊重程度，从而使个人的学识、修养和价值得到社会的认可和尊重。这对我们当代大学生来说是非常重要的。

接下来让我们来做个校园文明礼仪小测验吧！

1．晓明校园卡丢了，去行政楼信息中心补办校园卡，他应该怎么做？

A．（敲门，得到同意后方可入内）晓明："老师你好，我饭卡丢了，请帮我补办一张饭卡。"

B．晓明："你好，我饭卡丢了，想补办饭卡。"

C．晓明："饭卡丢了，能补办饭卡吗？"

（提示：在校园内办公室办事，应先敲门，经允许后方可进入。不知道怎么称呼的时候，要叫"老师"，办事过程中要使用"你好""请""谢谢""老师再见"等文明用语。）

2．一位同学上课迟到了，他应该怎么做？

A．前门进入，向老师报告致歉，并快速走入座位坐好。

B．前门进入，旁若无人，走入座位。

C. 后门进入，向老师报告致歉，快速坐好。

3. 李某起床晚了，急于赶去上课来不及吃早餐，他应该怎么办呢？

A. 买一些没有浓重气味的食物，课间的时候吃。

B. 买一些没有浓重气味的食物，上课趁老师不注意的时候吃。

C. 买喜欢吃的茶叶蛋、韭菜盒子、包子，在教室吃。

4. 冰冰是学生会干部，开例会时以下哪种行为是正确的？

A. 准时参加会议，手机调成静音，认真做会议记录。

B. 会上手机响铃，中途接听电话。

C. 参加会议迟到，神游。

5. 张某在图书馆学习，有人给他打电话，他应该怎么做？

A. 拿起手机，轻声快步离开馆内，到走廊里小声接听电话。

B. 跑出馆内，到走廊里接听电话。

C. 在馆内小声接听电话。

6. 期末到了，图书馆里人满为患，邓某想要在图书馆占一个位置学习，他该怎么办呢？

A. 每天早上早起，到图书馆排队占座。

B. 请早起到图书馆排队占座的同学，帮忙占一个位置。

C. 前一天离开时，用书占一个位置。

7. 以下同学在教室等公共场所的穿着，你觉得谁的好一些呢？

A. 仪容整洁，穿着得体。

B. 随意穿搭，奇装异服。

C. 背心、短裤凉快就好。

8. 在校园内遇到老师，应该怎么做？

A. 主动向老师问好。

B. 向老师行注目礼。

C. 低头假装看不见。

9. 晚上 21：00，王某突然想到一件事想问老师，不太紧急，这时他应该怎么做?

　　A．马上给老师打电话询问。

　　B．等第二天早上起来再给老师打电话询问。

　　C．等第二天早上8：00后再打电话向老师询问。

　　（提示：没有特别紧急的事情，太早或太晚给其他人打电话都是不礼貌的行为。）

　　10．有紧急事情给别人打电话，被拒绝接听后，该怎么办?

　　A．是特别紧急的事应该以短信形式简单明了表述，等待回电或晚些时间再打电话。

　　B．继续打电话直到接听为止。

　　（提示：当打电话给别人，被拒绝接听时，说明对方暂时不方便接听电话，如果一直不断拨打电话是很不礼貌的行为。）

　　同学们，小测验做完了吗？正确答案一目了然，相信大家都能有一个正确的判断，但是在行动上大家做到了吗？

第五章 人际交往

在大学校园里,"朋友"是很重要的一个词。这四年,你也许会遇到假装是朋友的朋友、欺骗你的朋友、真正的知己,甚至人生伴侣。第一次离开自己的生长环境,进入校园开始集体生活,如何与同学、朋友以及学生团体中的"同事"和谐相处俨然成了大学生重要的学习内容。其实,大学是大家最后一次可以在相对宽松的环境中学习、培养、训练如何与人相处的机会。在未来,人们在社会里、在工作中与人相处的能力会变得越来越重要,甚至超过了工作本身。要学会与人交往、善于与人交往。

第一,以诚待人,以责人之心责己、以恕己之心恕人。对别人要抱着诚挚、宽容的胸襟,对自己要怀着自我批评、有过必改的态度。与人交往时,就好比照镜子一样,自己的表情和态度,可以从他人对你流露出的表情和态度中一览无余。你若以诚待人,别人也会以诚待你;你若敌视别人,别人也必然会敌视你。最真挚的友情和最难解的仇恨都是由这种"反射"原理逐步形成的。因此,当你想修正别人时,首先应修正自己;你想别人怎么对你,你就应该先怎么对人。

第二,培养真正的友情。如果能做到第一点,很多大学时的朋友就会成为你一辈子的知己。在一起求学和寻求自身发展的道路上,这样的友谊弥足珍贵。交朋友时,不要只去找与你性情相近或只会附和你的人做朋友。好朋友有很多种:如乐观的朋友、智慧的朋友、脚踏实地的朋友、幽默的朋友、激励你上进的朋友、提升你能力的朋友、帮你了解自己的朋友、对你说实话的朋友等。

第三，学习团队精神和沟通能力。各种学生组织、社团是微观的社会，参与各类学生组织是步入社会前最好的磨炼，可以培养团队合作的能力和领导才能，也可以发挥自己的专业特长。但更重要的是要学会做一个诚心诚意的服务者和志愿者，或在担任工作时主动扮演同学和老师之间沟通桥梁的角色，并以此锻炼自己的沟通能力，为同学和老师服务。这样的学习过程不会很轻松，挫折肯定是有的，但是不要灰心，大学里的人际交往是一种不用"付学费"的学习，犯了错误会有老师、学长精心指导，自己也可以从头来过。

第四，从周围的人身上学习。在班级里、寝室内、社团中，多观察周围的同学，特别是那些你觉得交往能力和沟通能力特别强的同学，看他们是如何与人相处的。比如看他们如何处理交往中的冲突、如何说服他人和影响他人、如何发挥自己的合作和协调能力、如何表达对他人的尊重和真诚、如何表示赞许或反对、如何在不冒犯他人的情况下充分展示个性等。通过观察和模仿，你会渐渐地发现，自己的人际交往能力会有意想不到的改进。在学校里，每一个朋友都可以成为你的良师，他们的热心、幽默、机智、博学、正直、沟通、礼貌等品德都可以成为你的学习榜样。同时那些你不喜欢的人和事也可以为你敲响警钟，警告你千万不要做那样的人和事。当然，你也应当慷慨地帮助每一个朋友，试着做他们的良师益友。

第五，提高自身修养和人格魅力。如果你觉得没有特长、没有爱好，可能会成为自己人际交往能力提高的一个障碍，那么，你可以有意识地去选择和培养一些兴趣爱好。共同的兴趣和爱好也是你与朋友建立深厚感情的途径之一。很多在事业上有所建树的人都不是只会闭门苦读的书呆子，他们大多都有自己的兴趣和爱好。业余爱好不仅是人际交往的一种方式，还可以让大家发掘自己在读书以外的潜能。例如，体育锻炼既可以发挥你的运动潜能，也可以培养你的团队合作精神。如果真的没有什么兴趣爱好，那么，多读些好书丰富自己，渊博的知识也可以改进人际交往能力。

温馨提示：校园爱情——在理智中享受

大学，注定是滋生爱情的地方。少男多情，少女怀春，爱情的种子一旦遇到合适的土壤就会生根发芽，绽放出绚烂的花朵。象牙塔里的爱情故事，有一点诗意和朦胧，美丽动人。

爱情是美好、甜蜜的，但是我们的身份是学生，在爱情中应该把握"尺度"。既要爱得大度，也要爱得适度。男女同学交往以"自尊、自重、自爱"为原则，以道德为基础，以国家法律、校纪校规为准绳。男女交往文明、有度，行为端庄、举止大方。

当爱花开时，不要犹豫，不要错过。如果没有，那就耐心等待，属于你的缘分会在你最美丽的时候与你相遇。面对爱情，大学新生没有理由望而却步，漠然视之，更没有理由游戏人生。你应该做的就是承认爱、接受爱、担当爱、享受爱。

然而，有时爱人指尖的温暖抵抗不了时间与空间的巨大转变，或许离开了校园，爱情之花就开始凋谢！但我们不能因为要分手就拒绝恋爱，认认真真地谈一次恋爱，不为最后的结果，只为了享受真心相爱的过程，即使最终无法携手终生，也是青春岁月里最珍贵的回忆。

学姐学长对你说：

在四年的大学生活中，同一屋檐下的室友可能是与你相处时间最长的人。与宿舍成员搞好关系非常重要。融洽的室友关系，不仅使你心情舒畅，有利于学习，也有利于身心健康。反之，若关系不和，甚至紧张，就会给生活抹上一层阴影。那么，如何处理好宿舍关系，使宿舍真的成为一个温馨的家呢？

1. 尽量与室友统一作息时间，在日常起居生活中给予包容和理解。

2. 不搞"小团体"，应当以平等的态度对待每一个人，不要和一部分人打得火热，而对另一部分人疏远不理。

3．不触犯室友的隐私。尤其注意的是，未经室友同意，切不可乱翻其物品。

4．积极参加宿舍集体活动。宿舍集体活动不单纯是一个活动，更是室友之间联络感情的方式。

5．给予别人关心，有难要帮。自己有事也要求助室友。良好的人际关系是以互助为前提的。

6．不拒绝零食和宴请。倘若无论零食或宴请，你都一概拒绝，时日一久，别人难免会认为你清高孤傲，就会对你敬而远之。

7．不要逞一时之快。你夸夸其谈，想处处表现得比别人聪明，最后只会引起别人的反感。

8．维护共同的生活环境，完成该分担的"家务"。

9．学会赞美，不要吝啬对别人的夸奖，这是一种美德。

10．用合理的方式解决日常矛盾。

以上10点，虽然都是日常生活中的小事，倘若都能做到，对处理好宿舍关系能起到事半功倍的作用。反之，小小"蚁穴"也能够将良好宿舍关系的"千里之堤"给毁了。

第六章　责任承载

责任和担当，从宏观上讲，是指社会责任，就是个人对祖国、对民族、对人类的繁荣与进步所承担的职责和使命；从微观上讲，是指自我责任，是对自我人生、事业、发展及生命所承担的主体责任，以及个人对家庭和集体所应承担的责任。

习近平总书记说，青年一代有理想、有担当，国家就有前途，民族就有希望，实现中华民族伟大复兴就有源源不断的强大力量。不同的时代造就不同个性的青年群体，但永远不变的是青年一代的责任和担当。历史把机遇赋予我们，时代把重任交给我们，这既是无比的信任，更是极大的鞭策，我们没有任何理由不努力，没有任何理由不发奋。

自信是承担责任的基石，自信是感恩践行、勇担责任的力量源泉。培养自身能力，为梦想插上有力的翅膀，才能具有敢于担当社会重任的意识，才能成为时代的领跑者。

爱是责任担当的动力。对祖国的热爱让青年挥洒热血，对亲人的挚爱让青年孝心拳拳，对他人和自我的深爱让青年满怀热忱。我们应胸怀大爱，在享受幸福生活的同时，更有引领社会发展的激情与追求。

"宝剑锋从磨砺出，梅花香自苦寒来。"继承和发扬精神不是一句简单的口号，必须有知识、有品德、有本领才行。心有多高，天地就有多大。敢于担当是一种责任、一种姿态，更是一种气魄、一种实践。敢于担当，勇挑时代重任，必须勤奋学习、砥砺品格、锐意进取、绽放光彩。

学姐对责任的理解：

关于责任的调查，用的是无数哲学家探寻一生的问句："它是什么？"大多数同学的反应便是一怔，随之询问提起这个问题的缘由，然后就会说"我也不清楚"，过了几十秒后会做出一个回答，最后再有一个补充。而答案大多是，承担、担当、做事负责到底，不同角色有不同的具体责任……

责任是一个人存在的理由，是我们无法避免的一切。马克思曾说："世界上有许多事情必须做，但你不一定喜欢做，这就是责任的含义。"它是伴随着自我成长所与生俱来的东西，也是一个人能够有所成就的必备条件之一。

不知道你们的成长中是否伴随着这样一个故事。一个 11 岁的美国小男孩，在踢足球时将邻居家的玻璃打碎，这个男孩需赔偿 12 美元，而当时 12 美元可以买到 156 只下蛋的母鸡，然后男孩的父亲付下了这笔巨款，并说"这笔钱是我借给你的，一年后你要分毫不差地还给我"，最后男孩只用半年时间就还上了这笔巨款。故事的最后是他成为某某成功人士……在我们心智成熟一点后，我们会对这个故事本身产生怀疑。就因责任，他就成功了？其实这是一个十分有魔力的蝴蝶效应。

这个男孩首先意识到这是他自己必须承担的过失，他是认同他父亲的说法的。这就无形中产生了一种巨大的驱动力，这份驱动力使他的内心坚韧起来，克服了一系列可能遇到的问题，最后他做到了。他从中获得了巨大的满足感，以及对未来影响深远的自我认同感，他开始相信他有能力做成他想做的事，他就会开始追求更多的东西，然后不断进步，最终获得世人眼中的成就。

作为大学生，也许你会抱怨这个社会的阴暗面，刻意或不刻意地逃避责任。也许再也没有人能够像周恩来总理一样说出"为中华之崛起而读书"的豪言壮语，大学生再也承担不起这份重任。当你这样认为的时候，便选择了自我逃避和自我否认。如果每个人都选择了担起自己的责任、担起家庭的责任、担起母校发展的责任、担起祖国建设的责任，我们将变得无坚不摧，我们获得的不仅仅是成功，还会有浓浓的幸福感。

责任，始于偶然，终于必然。

第七章 养成教育

为全面贯彻落实《中共中央国务院关于加强和改进新形势下高校思想政治工作的意见》(中发〔2016〕31号)《中共辽宁省委辽宁省人民政府关于加强和改进新形势下高校思想政治工作的实施意见》(辽委发〔2017〕31号)和《中共营口理工学院委员会关于加强和改进新形势下思想政治工作的实施方案》,结合学院实际,制定如下实施方案。

一、指导思想

全面贯彻落实党的十九大精神,以立德树人为根本、以学生全面发展为目标、以养成教育为途径,培养新时代中国特色社会主义合格建设者和可靠接班人。

二、基本原则

1. 自主选择。给学生充分选择的权利和空间,尊重每个人的特质,体现自主性。

2. 坚持不懈。学生要和自己定下契约,选定的项目就一定坚持做下去,只要坚持就一定会成功。养成一个好习惯需要时间的积累,需要坚持的精神。练就了坚持的精神,本身就是重要的好习惯,就是可贵的竞争力,更能够唤醒自己内心的自觉和自尊。

3. 自我教育。行为养成需要高度的自觉,自觉选择、自觉实践,自查、自律、自强。既不勉强自己,也不要欺骗自己。要养成过内心生活的习惯,经常留一点时间给自己,和自己的灵魂在一起，反思自己的养成项目做得如何。

4. 注重内化。习惯是潜意识支配下的行为，一种潜意识的形成需要反复刺激。选定一种习惯养成目标，就要反复实践，大量重复，重复是习惯之母。为配合学生的习惯养成，学院和各系组织多层面、多种形式的养成教育活动，使学生在各种集体活动中自觉强化自己的养成项目。定期开展经验交流，使之养成教育内化于心，外化于行。

5. 自我塑造。自己的行为习惯离哪个习惯项目目标最近就选哪个，追求成功率。每个人都有短板，不改进就会对自己今后的成长、求职、做事构成巨大威胁，这就需要引导学生去主动攻关克服。同时教育学生学会肯定自己，注意感知进步，保持成功的自信心和成就感。

6. 相互激励。在同类项目中寻找身边的榜样，时时激励自己；如果找不到，就把自己塑造成榜样，时时自励。提倡每个学生公开所选项目，鼓励同学之间相互学习、相互交流、相互促进，形成团队的氛围和力量。

三、总体设计

总体设计为知、情、意、行四个部分，即认知学习、情感体验、意志磨炼、行为养成。

1. 认知学习。以"思修课"为主渠道，把养成教育带入课堂，使学生认识养成教育对立德树人和素质提高的重要作用，认识与理解每一项好习惯的价值意义和对应的美德，从而提高养成教育的内动力和自觉性。

2. 情感体验。使学生在自我养成和各类集体活动中体验与感受，在感受中产生感动、净化心灵、提高觉悟，引导学生培育高尚深厚的情感，具有较高的情商。

3. 意志磨炼。设计22个习惯养成项目供每个学生选择，引导学生选定项目后坚持实践，不打折、不放弃，在此过程中培养意志和毅力。

4．行为养成。行为养成就是自觉意识的实践，每天有目标地做，自觉地坚持做，从一点一滴做起、从一言一行做起，养成多种好习惯。

四、项目设计

从三个方面设计22个好习惯项目，倡导系列价值观，构建育人好抓手，每项习惯抓落实。

（一）品德修养方面

1．养成诚信的习惯，以信取人。诚实做人、诚信做事，为自己赢得良好的信誉。

2．养成感恩的习惯，学会感恩。感父母的养育之恩，感老师的培养之恩，感朋友的帮助之恩。

3．养成助人为乐的习惯，体现正确的价值观。关心他人，乐于帮助别人。

4．养成尊重别人的习惯，尊重人、理解人、成全人。

5．养成自省的习惯，练思想、练修养、过内心生活、善于自省。做有思想、明是非的人，做有修养、观内心的人。

6．养成见贤思齐的习惯，善于从他人那里汲取智慧和力量。

7．养成文明的习惯，体现大学生的应有形象。

8．养成勤俭节约的习惯，珍惜自然资源。珍惜父母的血汗钱，珍惜大自然的恩赐，科学计划、合理消费。避免浪费的行为，拒绝挥霍的恶习。

（二）性格气质方面

1．养成优化性格的习惯，性格成就人生。性格既有先天因素，也是后天可以优化的。追求做更好的自己，倡导两种性格：即做人要大度，做事要执着。做人大度就会有很好的人脉，是幸福人生的保障;做事执着就会有很好的成果,是事业成功的保障。

2．养成乐观阳光的习惯,练就招人喜欢的气质。

3．养成挫而不倒的习惯,练就过人的毅力和信心。

4．养成调整心态的习惯,练就跳出郁闷、冲出烦恼的能力。

5．养成负责的习惯,做一个负责任的人。对自己负责、对父母负责、对恋人负责、对学习负责、对工作负责。以负责的态度做人做事。

6．养成自律的习惯,做能够把握自己的人。自律是养成一切好习惯的前提,是素质养成的关键。

(三)学业素质方面

1．养成勤奋的习惯,成功就是要比别人多努力。勤奋是成功的必要条件,不是大道理,却是硬道理。勤奋是大学生的美德。

2．养成思考的习惯,用头脑做事。各类竞争归根到底都是思维能力的竞争,在学习和实践中养成善于思考的习惯。创新人才首先应具有创新的思维能力。

3．养成表达的习惯,练就表达交流能力。上大学更重要的是合理运用校园氛围和团队资源,不放过各种表达的机会,包括课堂、宿舍、班会和社团的各种场合。

4．养成做事认真的习惯,练就成功的法宝。天下大事,必作于细,若要成事,必作于严。做人要简单,做事要认真。

5．养成自主学习的习惯,做自己学习的主人。主动学习,学会学习。自我激励、自我识别、自我选择、自我计划、自觉学习、自我控制。

6．养成读书的习惯,在阅读中汲取营养。选择读精品,与高人对话。注重学思结合,通过阅读引发思考,通过思考启迪智慧、升华心境。

7．养成记日记的习惯,留下自己的成长脚印。坚持记日记,既练文笔,又练思想,还记录了自己大学生活的历程。

8. 养成体育锻炼的习惯，大学体育重在养成习惯。每天锻炼1小时，健康工作50年，幸福生活一辈子。

五、具体措施

要求全院学生对行为养成的 22 个项目，每人重点选择 3+X 项（$0 \leqslant X \leqslant 19$），根据每个人的实际，重点强化、尊重意愿、体现特色。

每个学生都要制定切实可行的措施，对所列的 22 个项目都能守住底线，养成健全的人格；对所选的 3+X 个项目重点培养，形成特征突出的品格。这 22 个习惯，包括了勤奋、良心、责任、内省、善良、认真、诚信、乐观、逆商、尊重、勤俭、文明、好学、自律。我们要求学生们全面注意这些要素，力保都能及格，在此基础上按照自己的选择，一部分做到良好，一部分做到优秀。

每个学生都要进行 22 项中取 3+X 的选择，根据自己的选择制定落实的计划和措施，要把所选的项目落实在日常的学习、生活和各类活动中，实施有计划、有目的的行为养成。每个学生都要有成长记录、自我评价和自我总结，纳入学生综合素质测评。通过每个项目的价值导向，提高学生的内在自觉和动力；通过养成教育氛围和环境的营造，使学生得到熏陶和激励；通过制订和遵循养成教育的六项原则，指导养成教育活动健康开展；通过长期坚持、常抓不懈，使学生养成良好的行为习惯，成为品行优良、素质高尚的人，为闯荡职场、融入社会提高核心竞争力，为成就事业、成就人生奠定坚实的基础。

表 3-1 所示为工作任务分解表。

第七章 养成教育

表 3-1 工作任务分解表

	主要任务	具体举措	牵头部门	协同部门	完成时限
体系设计	1. 认知学习	以"思修课"为主渠道，把养成教育带入课堂，使学生认识养成教育对立德树人和素质提高的重要作用，认识与理解每一项好习惯的价值意义和对应的美德，从而提高养成教育的内动力和自觉性	思政部	各系	长期
	2. 情感体验	使学生在自我养成和各类集体活动中体验和感受，在感受中产生感动，净化心灵，提高觉悟，引导学生培育高尚深厚的情感，具有较高的情商	团委	各系	长期
	3. 意志磨炼	设计 N 个习惯养成项目供每个学生选择，引导学生选定项目后坚持实践，不打折，不放弃，在此过程中培养意志和毅力	学生处	各系	已完成
	4. 行为养成	行为养成就是自觉意识的实践，每天有目标地做，自觉地坚持做，从一点一滴做起，从一言一行做起，养成多种好习惯	辅导员	班级干部 寝室成员	长期

续表

	主要任务	具体举措	牵头部门	协同部门	完成时限
项目设计	1. 品德修养方面	养成诚信、感恩、助人为乐、自省、见贤思齐、文明、勤俭节约的习惯(8项)	学生本人	辅导员	长期
	2. 性格气质方面	养成优化性格、乐观阳光、挫而不倒、调整心态、自律的习惯(6项)	学生本人	辅导员	长期
	3. 学业素质方面	养成勤奋、思考、表达、做事认真、自主学习、读书、记日记、体育锻炼的习惯(8项)	学生本人	辅导员	长期
落实措施	1. 选择项目	全院学生对行为养成的N个项目(目前N=22),每人重点选择X项,X大于或等于3,同时强调要全面保底、重点强化、尊重意愿、体现特色	学生本人	辅导员	12月初
	2. 制定措施	每个学生根据自己的选择制定落实的计划和措施,要把所选的项目落实在日常的学习、生活和各类活动中,实施有计划、有目的的行为养成	学生本人	辅导员	长期
	3. 成长监督	每个学生要有成长记录,自我评价和自我总结	各系	学生处、团委	长期

注:项目设计中的三个方面N个习惯和实施原则详见《关于实施养成教育、落实立德树人工作方案》

第三篇　日常安全篇

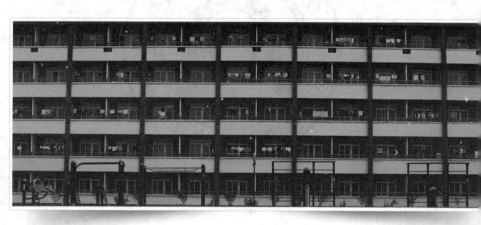

大学生在高校就读期间，主要任务是学习文化知识和各种技能，校内听课、实验、校外实习等也成为大学生活的主旋律。了解和掌握学习过程中的安全防范知识，有助于大学生顺利度过四年大学生活，健康成长。

第八章　学习安全

第一节　"魅力营口一日行"活动安全

营口理工学院每年在新生军训期间，针对刚入学的新生都要举行"魅力营口一日行"活动，活动规模之大、参加人员之多，不断刷新营口此类活动的记录，人身、财产安全问题也就成为此类活动能否延续下去的关键。

【防范建议】

1. 提前了解出发前集合时间、地点和车次。
2. 听从随车领队老师的安排，严格遵守活动规则，按照规定时间提前归队。
3. 不去有安全隐患的景点游玩，在外就餐注意饮食安全。
4. 出现财物丢失、人身伤害事故和迷路时，及时与本车领队联系。

第二节　教学安全

高校实验教学、体育教学、体育比赛和自习室自习等教学活动中，存在着一定的不安全因素，如果学生不能按照相关注意事项从事活动，很可能出现实验室火灾、爆炸、中毒、运动损伤和财物损失等事故。因此，我们必须从思想上高度重视，消除事故隐患，营造安全的教学环境。

一、实验室防火灾、触电、机械事故

实验过程中往往需要很多易燃易爆的化学药品、高压容器、电气设备和机械设施等。因此，在实验过程中，一旦操作不当，极容易发生化学药品爆炸、火灾、触电或机械事故。近年因危险化学品存放和灾害发生过程中的扑救不当而引起的安全事故屡见不鲜。

【防范建议】

1．遵守实验室相关规章制度，不带违禁品进入实验室。

2．严格按照操作程序进行实验，听从实验老师的安排。

3．实验结束后，清理实验台面和实验设备，断水、断气、断电，消除隐患。

4．出现事故后，应该及时处理，选择适合的处理方式，减少不必要的损失。

二、运动期间的安全

体育课、运动会和对抗比赛中，由于个别大学生运动基础差，身体素质下降，运动技术难度增加，导致运动过程中出现不同程度的运动损伤。

【防范建议】

1．定期参加健康体检，身体有缺陷或不适于激烈运动的同学，应该主动向学校相关部门提供真实证明材料。

2．按照体育老师或教练要求，进行课堂练习和比赛，根据本人情况合理安排运动负荷。

3．课前或比赛前，了解比赛项目和场地环境，提前做好热身活动。

4. 课后或比赛后，注意休息，防止由疲劳过度而引起的赛后综合征。

5. 出现损伤及时包扎、固定，必要时送医。

三、图书馆、教室自习的安全

图书馆、教室上自习占据大学课余时间的主要部分，尽管大学安保措施和学生的防范意识都有所增强，然而自习时财物被盗、女生被陌生男士骚扰的案件，在很多高校仍不断发生。

【防范建议】

1. 通过安全教育课和学校组织的相关活动，不断提高自己的防范意识。

2. 贵重财物随身带，不用书包、衣物占座。暂时离开时，笔记本等贵重物品找同学代为保管。

3. 图书馆使用储物柜时，一定要核实是否锁好。

4. 不独自一人去较偏僻的教室自习，特别是女生，要结伴自习。

5. 遇到财物丢失、骚扰等情况，应立即选择上报安保部门或报警。

第九章　个人财产安全

近年来，以大学生为目标的侵犯财产犯罪案件不断上升，如何更安全地保管和使用个人财物，现实而急迫地摆在我们面前。

第一节　防诈骗

诈骗，是社会上一种主要的侵财犯罪，它是一种含有一定智商成分的犯罪形式。大学生独立掌握有限财物，缺乏社会经验，思想单纯，容易成为诈骗犯罪分子首选目标。

一、冒充迎新志愿者，拎走行李

骗子"欺负"新生人生地不熟，在车站、学校门口冒充新生接待人员，"热情"地帮忙看管皮箱等物品，再"调虎离山"，借机偷走行李。

二、冒充师长，替交学费，骗取钱财

在迎新当天，骗子趁乱以学校迎新人员的身份与学生、家长搭讪，取得信任后，以代交学费、班级收取相关费用为由趁机诈骗，骗取钱财。

三、推销假冒伪劣商品

开学初，骗子利用新生及家长急需生活用品，但又对周围环境不熟悉的特点，推销一些与新生学习生活息息相关的物品，比如廉

价文具、手机、电脑之类,还有人会推销报纸、杂志等,一般是关于英语方面的,如四六级考试资料等。此外,还有骗子会以让你做销售代理为由向你批发大量的文具用品。此类推销的产品多为假冒伪劣产品,售出后很难再联系上推销者,更不会有相应的售后保障。

【防范建议】

1. 提前了解学校接站时间、地点和志愿者标识。除志愿者外,其他人主动接近时,物品不要离身,不上任何无学校和接站标识的车辆。

2. 入学前通过学校或学长,了解入学缴费流程。新生及家长应亲自到学校规定的缴费处交费。

3. 尽快熟悉负责本班工作的教师,防止陌生人冒充教师收费。

4. 提前了解学校学习、生活的必备品,贵重物品提前购买。不抱有贪小便宜的心理。到学校内或市区正规超市购买学习、生活必需品。学习材料尽量不要在入学当天购买。入学后,听取老师和学长建议后再进行购买。

5. 遇到上述情况,及时向学校有关部门反映,必要时报警。

四、冒充大学生求助,实施诈骗

骗子对学生的诈骗往往是谎称自己是某大学学生,外出实习、考察、调查与老师同学走散,东西丢失,银行卡被吞等,以至身无分文,乞讨借钱帮助解决困难;或借银行卡,让亲友往卡里存钱,趁机窃取密码并实施调包,从而骗取钱财。

【防范建议】

1. 不要把钱借给不知底细的人或陌生人。
2. 遇到事情要多想想、多问几个为什么。
3. 高度警惕陌生人求助,同情心不要胜过理智。
4. 不要轻易地将自己的银行卡账号、密码告诉别人。

5. 银行卡不要经过陌生人的手,以防被调包。

6. 发现可疑的人或事,要及时报警。

五、谎称学生出事,急需用钱,向家长诈骗

骗子编造事情经过,故意制造紧张气氛,或是发生交通意外事故,或是发生伤亡事故,或是发生其他意外急需用钱,骗子谎称自己是帮忙的人,要求学生家长马上往某个账号中存钱。这些骗子的谎言都是围绕在急需用钱的点子上,此案件在学生家长身上多次发生,迄今仍有人上当受骗。

【防范建议】

1. 不要把家长电话、家庭住址告诉陌生人或在网上公布。

2. 学生本人与家长应保持经常性的联系,应把辅导员和室友的电话留给家长。

3. 不要急于往对方的账号存钱,可联系辅导员或室友证实一下事情的真伪。

4. 发现类似情况,要及时报案。

六、借打电话,趁机逃离

骗子通常会以手机没电急需用电话为由,并趁你不备携机溜走。即使有东西抵押在你那,也往往是假的或不值钱的东西,这样的骗局时有发生,特别是你刚刚认识不久、初次见面的人或是与网友初次见面时,当对方提出借用手机打电话并且要出去拨打时,千万要慎重。

【防范建议】

1. 陌生人借用手机等可婉言谢绝。以自己正在等电话等理由,暗示自己已有警惕。

2. 财物不可随便借给陌生人,别人使用自己的物品时应避免让其离开自己的视线。

3．对陌生人要多留心，遇人说话留三分。

4．发现上述情况，要及时报案。

七、短信中奖，实为骗钱

当你的手机接到不明电话或短信，声称您已经中了某某公司笔记本等大奖，需要您把笔记本的邮件费用汇入某某账号时，请千万不要相信，因为一不小心就会掉入骗子的"陷阱"中。

【防范建议】

1．不要随意在网上透漏本人联系方式等个人信息。

2．不能轻易相信信息或电话中的内容。

3．应打电话到正规的相关单位咨询。

4．发现上述情况，要及时报警。

八、封建迷信，受骗上当

骗子利用一些人怕事或者迷信的心理，称你有病或有灾，故意危言耸听，让你花钱消灾化解，从而骗取钱财。

【防范建议】

1．不要轻易相信到民间化缘的"和尚""尼姑"，因为佛教协会有规定，禁止僧侣、比丘尼随意到民间化缘。

2．对于火、光、喜、灾等迷信说法，切勿相信，因为这些都没有科学根据，况且任何人也没有化解万物的神通。

3．不要相信花钱免灾的说法。

4．发现可疑人物或上当受骗，要及时报案。

九、低价出售，其中有诈

此骗术大多以家中急需钱财为由，低价出售书籍、电器、电子元件等。为使你对他们的物品感兴趣，还谎称这些东西在市面上很贵很有价值，建议你购买。此类商品大多数为假冒伪劣产品，这种骗术简单直接,但也有人上当受骗。

【防范建议】

1. 到正规商场购买相关物品,在地摊等不正规市场,当你不能辨认物品的真伪时,千万不要购买。

2. 放平心态,不贪小便宜。

3. 对于说认识自己,但自己对对方毫无印象的人千万不要轻信。

4. 对于打听自己或他人的情况的陌生人,一定要留心。

5. 遇到陌生人谈论关于钱的问题,一定要回避。

十、形形色色的网络骗术

(一)连锁电子邮件

以"幸运邮件"为名,在信中要求收信人寄出小额资金给邮件名单里的人,然后等着其他人寄钱给你,否则就会惨遭不幸,而事实上收别人钱的可能性几乎为零。

(二)免费赠品的诱惑

"恭喜你中大奖""你可以获得电脑、手机等高价的商品",但总是通知你先支付一笔不菲的"邮资"。结果是付款后,奖品就遥遥无期了。

(三)QQ 号码被盗,冒充好友诈骗

由于个人 QQ 号码安全设置等问题,好友 QQ 被一些所谓的"黑客"盗用后,通过 QQ 聊天等形式,冒充好友,以遇到急事需要用钱为由,要求你把钱汇入指定账户或给某某手机号码充值。很多同学都是不经核实就直接汇入或充值。

(四)网络交友需慎重

随着网络的发达,许多骗子开始在网络上实施诈骗行为,以网友见面为由敲诈、勒索的案件时有发生,骗子通常以约见网友为名,将网友骗至事先选定的酒吧、饭店等地,点餐后找机会溜走,

要网友支付高额费用，或敲诈钱财，更有甚者可能遭遇抢劫甚至人身伤害。

【防范建议】

1．网络交友要慎重，不要轻易相信陌生人，不经过长时间的接触最好不要见面。

2．不要随意在网络上泄露个人资料，如电话、住址等。

3．选择安全的上网环境，从而可以预防意外事件发生和财物丢失，尤其提醒单身女性注意选择上网地点。

4．提高本人网络相关账号的安全等级设置，让"黑客"无漏洞可利用。

5．通过网络查找或打电话咨询，核实事情的真假。

6．抵制不良网站或信息诱惑。

7．遇到此类事情，及时报警。

第二节　防盗抢

盗窃是指以非法占有为目的，秘密窃取国家、集体或他人财物的行为。据不完全统计，盗窃案件占校园治安案件的80%以上，严重影响了学生的学习和生活。抢夺和抢劫案件为恶性刑事案件，比诈骗、盗窃更具有社会危害性。

为了创造安定和谐的校园环境和育人环境，除了高校要加强安全防范外，在校大学生自身也要加强财产安全意识。

一、校园盗窃实例及防范

（一）寻找借口，伺机作案

有些犯罪分子急于得到财物，根本不去宿舍"踩点"，而是利用新生开学、放假或午休时间，人多混杂的机会，以找人、借东西或卖东西为由，不宜下手就道歉告退，如有机会就立即行窃。

（二）见财起意，伺机而动

有些偶然的机会，使盗窃分子有机可乘。例如，自行车没锁，顺手盗走；趁宿舍无人，宿舍房门又没有上锁，将他人放在书桌或床上的财物盗为己有；利用盛夏季节，天气炎热，一些同学贪图凉快，夜晚睡觉不关房门，趁机入室行窃，或偷走钥匙，白天作案。

（三）浑水摸鱼，就地取"财"

宿舍内发生意外情况或学校组织大型活动时，趁人不备，进行盗窃。学校学生勾结外来人员，利用学生对校内情况熟悉的特点作案。

（四）偷配钥匙，寻机盗窃

部分学生寝室钥匙上面贴有寝室号码，经常把钥匙随处乱放，或借给他人使用，一旦钥匙丢失，又不及时更换门锁，给很多盗窃分子提供了盗窃机会。

（五）冒充学生，伺机拎包

很多年轻盗窃分子冒充学生进入校园，利用学生在图书馆、教室、自习室、食堂等地人多安全的心理，趁其去卫生间或打电话的机会，顺手拿走学生的笔记本电脑等贵重物品。

【防范建议】

1. 养成上课、洗漱随手关宿舍门窗的好习惯。上课、放假最后离开寝室的同学一定要锁好门窗。

2. 不要留宿外来人员，以免引狼入室，后患无穷。

3. 遇到可疑人员应该上前询问，方式方法要有策略，必要时向寝室管理人员或相关部门报告。

4. 保管好寝室钥匙，不要随意借给他人使用，一旦丢失要立即更换门锁。不要在钥匙上标明寝室号码，必要时可以做出自己能够理解的特殊标识。

5. 手机、电脑、钱包等贵重物品，要锁在寝室衣柜内，不要随意乱放。做到身份证和银行卡分开存放。

6. 在图书馆、教室或食堂，需要离开时，一定要找人帮忙看管贵重物品。

7. 盗窃案发生后要及时向学校安全保卫部门反映或报案。

二、逛街防扒窃

（一）掏包

一般情况下，扒手不借用作案工具（个别犯罪分子使用镊子等），往往趁被害人不备或人群拥挤时，迅速贴近，常常以衣物、皮包、报纸等物作为掩护，趁机用手指（或其他作案工具）从被害人的衣兜中窃取钱包、现金、手机等物品。

（二）拉包

对各种包的样式结构都非常了解，常常利用受害人的背包被挤到身后，无法顾及时，用自己或同伙的身体或借用衣物来遮挡别人的视线，快速拉开拉链，实施偷窃。

（三）割包

在人多拥挤的公共场所内，扒手常常用锋利的小刀或刀片，将受害人的包割开，实施偷窃，他们行动迅速，得手后立即将财物转移。

（四）拎包

一般扒手选择在热闹的商场、饭店、医院等场所假装购物、就餐、就医，寻找挂在一边或放在桌上、凳子上的皮包，一旦被害人疏忽大意，便迅速地接近目标，拿起皮包后迅速离开现场。

【防范建议】

1. 增强自己的防范意识，学会在拥挤的人群中注意观察身边是否有形迹可疑的人员。

2. 在人多拥挤的地点，购物应提高警惕，同时不要将财物暴露出来。

3．购物就餐时，要将自己的物品随身携带，不要给扒手留有可乘之机。

4．遇到被扒窃的紧急情况，理智对待，及时报警。

三、防抢

抢夺、抢劫的作案时间一般发生在行人稀少夜深人静之时，案件大多发生在校园周边较为偏僻、行人稀少的地点。抢劫、抢夺的主要对象是携有贵重物品的、单身行走的、晚归无人相伴或少伴的，以及恋爱中的情侣。

【防范建议】

1．外出时不要携带大量的现金和贵重物品。如果携带，务必要有人陪同并注意观察身边的可疑人物。

2．尽量不要在深夜或人少的时候单独外出。

3．尽量不要走僻静、人员稀少、地形复杂、照明情况不好的路段。

4．穿戴适宜，尽量使自己活动方便。

5．发现有人跟踪，要保持镇定，尽快朝有人、有光的地方走。

6．遇到歹徒不要慌张，沉着应对，并要大声地呼叫，遇到歹徒行凶，要及时采取正当防卫，并找机会逃脱，生命最重要。

学长提醒：

社会环境千变万化，我们"00后"必须尽快地适应环境，学会自我保护。要积极参加学校组织的法制和安全防范活动，多知道、多了解、多掌握一些防范知识，这对自己有百利而无一害。

●交友最基本的原则有两条：一是择其善者而从之，真正的友情应该建立在志同道合、高尚情操的基础上，是真诚的感情交流而不是简单的利益关系，要学会了解、理解和谅解；二是严格做到"四戒"，即戒交低级下流之辈、戒交挥金如土之流、戒交吃喝嫖赌之徒、戒交游手好闲之人。

无论是在中学还是在大学,班集体总是校园中一个最基本的组织形式。在这个集体中,大家有着同一个目标,生活和学习是同步的,同学间、师生间的友谊比什么都珍贵,因此,相互间更应该加强沟通、加强了解、互相帮助。有些交往关系,在自己认为适合的范围内公开或透露,更适合安全需要,特别是在自己觉得可能会吃亏上当时,与同学有所沟通或许会得到一些帮助并避免受害。

切记:"天上不会掉馅饼,如果真的有东西掉下来,不是圈套就是陷阱!"

第三节　预防校园贷

校园贷对于大学生来说并不陌生,甚至我们身边就有深陷校园贷并且无法从此泥泞中挣脱的同龄人。每逢开学季,各大校园贷款平台就开始向大学生伸出"魔爪",它就像是糖衣炮弹,我们一不小心就会落入陷阱,并为此付出惨痛的代价。

校园贷种类如下:

1. 消费金融公司:2016年3月,河南某高校的一名在校大学生,用自己的身份以及冒用同学的身份,从不同的校园金融平台获得无抵押信用贷款高达数十万元,当无力偿还时,选择跳楼自杀。

2. 线下私贷:因为觉得请同学吃饭很有面子,西安大学生小飞先后在西安某小额借贷公司贷款2万元消费,结果深陷借贷泥潭,贷款总额"滚雪球"至20万元,父母掏空家底还借了10万元才还清贷款。

3. 培训贷、美容贷、裸贷:天津某高校100多名大学生,在求职过程中,听了一堂培训课,背上了7 200元分期贷款,因为有一个月没及时凑齐钱还款,逾期40多天的各种罚金高达6 000多元。

暑假期间,对于学生们而言,"割双眼皮""隆鼻""瘦脸"等都已经纳入"假期清单"。北京某高校学生美容咨询10分钟,贷款

3.5万元，反悔要扣1万元违约金；网贷3万元用于美容，到手仅有500元。

一名南京在校女大学生，因为手头紧缺，从互联网借贷平台筹借了4 000元，以自己的裸照作抵押，原以为按期还上就可以了，没想到事情远没有她想得这么简单，在之后的数月内，该名女大学生向借贷平台陆续还款近10万余元，本想这样就可以瞒天过海把事情糊弄过去，没想到最终还是没有如常所愿，该名女大学生家长收到裸照，在家长的监督下，最终该名女大学生选择报警。

【防范建议】

1. 认清校园贷的各种形式，提高自身辨别能力。
2. 凡遇校园贷，直接拒绝。
3. 注意保护个人身份信息，不给非法分子可乘之机。
4. 树立正确的消费观念，在这里并非要拒绝消费，而是要拒绝过度的、超出个人能力的、不合理的消费，不要盲目攀比，应当摆脱消费中的虚荣心理，理性消费！

第十章 消防安全

高校是人员高度聚集的公共场所，教学仪器多、科研设备价值高，一旦发生火灾事故，影响大、损失严重，直接影响教学、科研工作的正常进行。在校大学生由于生理、心理等客观因素，更容易受到火灾的次生危害。

第一节 高校火灾实例及防范

一、使用明火不慎引起火灾

个别学生在校期间违规使用蜡烛、蚊香、酒精炉、吸烟等，由于不慎引起火灾，从而导致财产损失或造成人身伤亡。

二、电器使用不当引起火灾

电器使用不当引起的火灾多发于寝室，部分学生为了图方便，在寝室内使用加热棒、电热毯、电水壶和电吹风等违章电器，对其存在的消防隐患存在侥幸心理，总觉得火灾离自己十分遥远，一旦发生则后悔莫及。

三、实验操作不当引起火灾

在从事化学、电气等实验过程中，个别学生在使用危险化学药品或有电感的实验设备时，不按照操作规程和老师的要求进行操作，只因草率和莽撞，酿成大错。

【防范建议】

1. 增强个人的防火意识，提高个人防火、灭火能力。
2. 不要在宿舍等公共场合吸烟，不乱丢烟蒂和火种。不违规使用加热棒、酒精炉、电热毯等违章电器。
3. 不乱接电线，离开宿舍要关闭电源或拔下用电器插头。
4. 严格按照操作规程进行实验，实验后清理实验用品、关闭电源。
5. 学会使用消防器材。
6. 发现安全隐患立即报告。

第二节　发生火灾时自救逃生准则

1. 火灾袭来时要迅速逃生，不要贪恋财物。
2. 平时要了解火灾逃生的方法。
3. 受到火势威胁时，要当机立断，披上湿衣服等物品向安全出口冲出去。
4. 穿过浓烟逃生时，要尽量使身体贴近地面，用湿毛巾捂住口鼻。
5. 身上着火时，千万不要乱跑，可就地打滚或用厚衣服压火灭火。
6. 遇火灾时不可乘坐电梯。
7. 室外起火，房门一旦发烫，千万不要开门，以防火势窜入室内。
8. 若火大无法出门，可把窗户打开，大声呼救。
9. 千万不要盲目跳楼，可利用排水管、外阳台等逃生，还可以把床单、窗帘等连成绳索，拴在窗框、铁栏杆等牢固物体上，顺绳滑下，脱离险境。

学长提醒：

火是多么温暖，火又是多么残忍，小小的火花给卖火柴的小女孩无限的遐想，小小的火花又给我们的生活带来了很多的烦恼。火是多么重要，火又是多么凶残，它一次次地威胁着我们的生命和财产。面对着火灾，我们的防火知识和自救能力又是多么匮乏，我们应该有效利用每一次消防主题活动、每一堂安全教育课，严格遵守学校的用火、用电和实验操作规定，把火灾扼杀在摇篮中。

第十一章　出行安全

大学生出行的原因和目的多种多样，出行过程中遇到的安全问题也层出不穷，如交通安全、户外活动安全和自然灾害等问题。但只要做好相应的预防工作，就能"高高兴兴出行，平平安安归校"。

第一节　常见交通问题及防范

一、注意力不集中导致被撞

由于个别同学有边走边听音乐或玩手机的习惯，或者在校园内嬉笑打闹、边拍球边过马路，导致注意力不集中，被过往车辆撞伤。

二、乘坐"黑车"出现的安全问题

在大学放假和返校这个时间段，有很多"黑车"利用这个机会，专做学生的生意，这些车无正规运营手续，甚至用的是假牌照，一旦出现交通事故会溜之大吉或无力赔偿，甚至一些犯罪分子利用"黑车"抢劫、杀人，近来出现的很多大学生"失联"事件，都与"黑车"有关。

三、驾驶机动车违章发生的交通事故

一些学生虽然考取了驾驶证，但因其练车时间短、交通法规不熟识、路况不了解，从而经常出现违章驾驶导致交通事故。

【防范建议】

1. 增强交通安全意识，学习交通法规，熟记交通标识。

2. 过马路时，集中注意力不做听音乐、摆弄手机等分散注意力的事。
3. 外出时，乘坐正规运营的出租车，不坐"黑车"。
4. 驾驶机动车时，要遵守交通规则，不违章行驶。

第二节　户外安全问题及防范

一、登山、野浴，慎重慎重

越来越多的同学喜欢登山、游泳等户外运动，对于一些刚刚接触这些项目的同学，不了解其中的危险性，盲目地约几个好友，去登山或野浴，由于事先没有做好准备工作，而导致迷路、坠崖或溺水。

二、外出食宿，误食误住

近年来，很多从事户外运动或去外地旅游的学生，经常出现误食有毒、变质等食物，而引起食物中毒；户外露营遭抢劫、偶遇自然灾害；"黑店"被"宰"等情况，很多人为此损失财物甚至付出生命。

三、学校大型户外活动，遵章守纪

很多高校在业余时间都会组织学生去校外参加比赛、观看演出、参观游览等集体活动，在活动过程中，由于人员较多、环境复杂等因素，安全出行也就成了大型户外活动的首要问题。

【防范建议】
1. 学习户外活动的相关常识，对于存在安全隐患的活动，一定不要去参与，对自己和他人的安全负责。
2. 户外食宿一定要谨慎，不食用不认识或过期变质食物，户外露营要选择合适的地点集体露营，住有正规手续的宾馆。
3. 遵守学校户外集体活动的相关规定，听从负责人员的指挥。
4. 户外一旦遇到安全问题，及时向有关部门发出求救信号。

第三节　自然灾害及防范

一、雷击、高空坠物

春夏两季是雷击和高空坠物事件多发的季节，很多学生对雷击和高空坠物所造成的伤害非常了解，但由于存在侥幸心理，疏忽大意，酿成大祸屡见不鲜。

二、地震灾害

地震灾害具有突发性、破坏性大、预防难度大等特点。很多高校每年都会定期进行地震逃生演练，既提高了学生的防震意识，也增强了学生的逃生能力，但仍有部分学生认为地震离自己很遥远，疏忽大意不配合防震演练，一旦地震到来，后果不堪设想。

【防范建议】

1. 认真配合学校完成相关演练，增强自己的防雷击、防高空坠物、防震的意识。

2. 雷雨天不在空旷处行走或树下躲雨，远离高大建筑，减少或不使用手机。

3. 大风天气远离广告牌、存在墙体脱落的危楼，阳台上不放置物品，以免掉下楼给他人造成伤害。

4. 熟悉逃生通道位置，通过演练增强逃生能力。

5. 一旦灾害发生，不贪恋财物，按照演练要求冷静逃生。

学长提醒：

生命像一根透明的丝线，一端系着昨天的眼泪和欢笑，另一端又连接着明天的希望与成功。站在两端之间，我们才知道：因为生命，我们才会拥有"今天"，因为"今天"，我们的生命才得以延续。"生命"是多么珍贵，但它又是多么脆弱，需要我们时时关爱呵护！

第十二章 疾病及心理问题预防

近年来,随着人们安全意识的提高和科技的进步,各高校食物中毒和传染病实例不断减少,但并没有做到有效的根治,它们依旧威胁着在校学生的健康,成为高校和社会重点关注的卫生问题。同时,社会的进步也给学生带来了学习和就业压力增加、对人生缺乏目标、不敢面对挫折等心理问题。那么如何预防食物中毒?校园有哪些易发传染病,如何预防?大学生心理问题如何防治?这些都是新生需要重视的问题。

第一节 食物中毒、传染病实例及防范

一、食物中毒实例与防范

食物中毒主要集中于细菌性食物中毒、化学性食物中毒、真菌霉素中毒几种,很多大学生食物中毒一般是由于误食过期变质食品、吃街边摊食物、吃未熟食品、饮用生水等造成的。

【防范建议】

1. 掌握科学饮食常识,合理搭配膳食,养成良好的个人卫生习惯。

2. 不吃过期变质食品,不吃无正规营业手续的街边摊食物,生熟食品要分开存放。

3. 出现食物中毒后,立即催吐并补充大量水分,减少毒素对身体的影响,尽快到医院就医。

二、校园易发传染病实例与防治

学校是传染病易感人群集中的场所，互相接触比较密切，加之个人卫生习惯不好，一旦有人生病，便具备了传染病传播和流行的基本条件。学校传染病多发于春季，常见的传染病有流感、水痘、麻疹、乙肝、腮腺炎等。

【防范建议】

1. 加强体育锻炼，增强肌体免疫力，尽量不共用餐具、毛巾等日常用品，养成良好的卫生习惯。

2. 及时接种流感、乙肝、水痘、麻疹等相关疫苗。

3. 寝室经常通风，保持室内空气的流通。做好蚊虫的消杀，切断传染途径。

4. 感染相关疾病后，尽量隔离传染源，减少与他人接触的机会，防治传染病的暴发。及时上报学校，并就医。

第二节　大学生常见心理问题及防治

由于学业、家庭、社交和就业多方面的压力，很多大学生表现出情绪异常、思维异常和行为异常等心理问题，部分学生通过自身调节可以治愈，少数学生回避本人的心理问题，最终酿成如马加爵杀人案和复旦大学投毒案等由心理问题引发的一系列案件，给个人和社会带来了极大的消极影响。

【防范建议】

1. 不回避本人的心理问题，勇于面对，以积极的心态，增强克服困难，获得成功的能力。

2. 对自己要宽容，不过分追求完美，正确认识自身的缺点，敢于承认自己的缺点和错误，自由地表现自我，享受生活。

3. 一旦心理问题自己不能调节，应主动求助同学、老师或心理咨询师，多与同学和老师交流，把疾病遏制在萌芽阶段，积极配合心理咨询师治疗。

4. 多参加社会实践活动，达到转移注意力，缓解心理压力的目的。

学长提醒：

"少年强，则国强；少年弱，则国弱；少年胜于欧洲，则国胜于欧洲；少年雄于地球，则国雄于地球。"梁启超先生这一名言震荡着一代代年轻大学生的心灵，大学生要以良好的身体、心理素质迎接未来的挑战，为国家的富强奉献自己的青春。

第十三章 社会实践安全

随着高等教育的迅速发展,大学校园日趋社会化,越来越多的大学生积极参与到社会实践中,这对促进大学生素质拓展、培养和提高大学生创新创业能力具有非常重要的作用。但是,由于大学生融入社会所需的心理和生理条件还不完全成熟,威胁大学生安全的案件在社会实践过程中时有发生。

第一节 勤工俭学、就业择业安全问题及防范

很多在校大学生利用勤工俭学锻炼能力,减轻家庭经济负担,但由于很多勤工俭学都是在校外开展的,得不到有关部门的监管,经常出现诈骗押金、不付报酬、女大学生被骚扰等案件。不法分子也利用毕业生急于找到满意工作的心理,进行诈骗钱财等违法行为,这些安全问题都给大学生和社会带来了消极的影响。

一、诈骗押金、不付酬劳

很多皮包公司通过各种途径发布"急聘"小广告,应聘者必须交付一定的求职押金,押金交付以后或是上班通知石沉大海;或是安排到苦累的岗位,应聘者不甘于此主动辞职;即使应聘者坚持一个月,那些皮包公司也以各种理由不付酬劳。

二、家教陷阱,骗钱骗色

不法分子以孩子需要家教为名,将大学生骗入出租房内,实施抢劫或侵害。

三、个人信息泄露

学生在求职过程中,经常涉及身份证件、家庭地址、家庭电话等个人信息,一些不法公司往往利用求职时机获取大量的个人信息,从事一些非法的活动,给学生日后的信用安全带来隐患。

【防范建议】

1. 通过学校勤工助学部门或通过正规中介,获得助学岗位。
2. 求职时事先核实该公司的真实情况,在同学或老师的陪同下,进行公司或家教的面试。
3. 在网上投简历时,不要随意发布自己的个人信息,发简历时不要附带本人身份证复印件。
4. 遇到问题,及时向学校或有关部门反映。

第二节 传销骗局的防范

传销是指组织者或者经营者发展人员,通过对被发展人员以其直接或者间接发展人员数量或者销售业绩为依据计算和支付报酬,或者要求被发展人员以交纳一定的费用为条件取得加入资格等方式牟取非法利益、扰乱经济秩序、影响社会稳定的行为。

很多传销组织利用部分在校大学生急于赚钱的想法,利用同学或亲朋好友,通过所谓家庭温暖、团队创业、先苦后甜等花言巧语和"几何式增长"的高额回报,让涉世不深的在校学生深陷泥潭,小者损失钱财,大者难以自拔。大学生误入传销泥潭的案例屡见不鲜,我院 2013 级一名学生因此而退学。

【防范建议】

1. 遇到同学或亲属推荐"赚大钱"的好机会一定要三思,征求家长或老师的意见。
2. 家长、老师或同学都极力反对的事情,不要一意孤行。

3. 一旦误入传销组织,要坚决抵制他们的"洗脑"言论,有效利用身边的工具或以筹钱为借口,借机逃走并报警。

学长提醒:

大一学弟、学妹对于从事家教等勤工俭学工作不要操之过急,对于家庭特别困难的同学,国家会给予一定数额的助学金,学校也针对新生设置了很多校内勤工助学岗位,这些可以帮助你顺利完成一个学年的学习。校外兼职活动,建议你在大二以后进行,而且是在有能力顺利完成学业的前提下进行,建议你从事与本专业相关的兼职活动,或有一定科技含量的兼职活动,以学习本领、锻炼能力和解决生活困难为主要目的。

第十四章　网络安全

互联网是一把双刃剑，一方面，丰富的网络资源为大学生学习和生活提供了便捷的条件；另一方面，网络也产生了一些不可忽视的消极影响，它令自控能力差的学生网络成瘾，让一些"黑客"走上网络犯罪的深渊。

第一节　网络成瘾及预防

所谓网络成瘾，就是对网络的强烈依赖，自我约束和自我控制能力弱化。网络成瘾会影响大学生学习、生活和身心健康。很多大学生沉迷网络造成社会化不足，道德认知弱化，甚至个别学生因上网花费过度，经济拮据，走上了违法犯罪的道路。

【防范建议】

1. 有效利用网络提供给我们的资源，将资源用于有利于我们学习和生活的地方。
2. 增强自我约束能力，学会控制上网时间，必要时可以自制上网警示帖，时刻做好自我警示。
3. 积极参加课外实践活动，有效利用课余时间，逐渐转移兴趣。
4. 多与老师、同学、朋友和家长沟通，尝试把角色转换到现实中来。
5. 必要时可以接受心理咨询师的相关治疗。

第二节　预防网络犯罪

一、不信谣言，不传谣言

一些不法分子出于个人目的而编造了"蛆橘事件""抢盐风波""雾霾天吃猪血可清肺"等谣言，很多涉世不深的大学生出于好奇，不假思索地通过朋友圈等自媒体转发出去，甚至以学生名义编造出一些有损于国家、社会、学校或他人的谣言，触碰了法律的红线，造成严重的社会影响。

二、警惕网络陷阱，勿做网络"黑客"

随着大学生上网时间的增多，上网工具的便捷，网络交友陷阱、网络购物陷阱、网络游戏陷阱、不良信息的诱惑、网络"黑客"等网络犯罪，越来越多地出现在我们的身边，有很大一部分学生深受其害。

【防范建议】

1. 按照国家和学校的相关规定上网，增强自己上网的法律意识、责任意识和政治意识，树立良好的网络道德。
2. 网络交友需慎重，不要轻易与网友见面，更不要给陌生人透漏自己的个人信息或汇款。
3. 坚决抵制色情网站、国外宗教网站等不法网站的侵蚀。
4. 不要把网络知识用于侵犯他人隐私或危害国家、社会安全的事情上来。
5. 遇到网络犯罪应该及时向有关部门反映。

学长提醒：

现代文明的产物——网络，是该到了剔除诸多不文明行为，注入真正生活色素的时候了。而这些，除了违法乱纪应受到法律制裁之外，更多的是要靠个人的自觉和社会舆论支持，才能创造出一个洁净的网络环境。因此，需要对学弟学妹们说的是，上网第一要遵纪守法，树立法治观念；第二要合乎伦理道德，维护社会公德；第三要尊重个人的人格，建立自我形象。让虚拟的网络真实化，让文明的网络公德化，让开心的网络人性化！

第十五章　国家安全

国家安全关系到国家存亡、民族兴衰，没有国家安全，就没有和平稳定的建设环境。大学生是社会主义现代化的建设者和接班人，是国家的未来和希望，也是西方敌对势力的重点同化对象。"00后"大学生，存在着国家安全认识模糊、国家安全与己无关的思想，这些认识和思想将直接关系到国家的长治久安。

第一节　保守国家机密

一、抵制金钱诱惑，保守国家机密

很多境内外不法分子，以可观的金钱诱惑在校学生，希望在校学生通过互联网提供国内重要港口、在建重要项目、军队重要设施及人员调配等照片或文字说明。个别学生没有认识到这样的事情已经触犯了国家的法律，属于泄露国家机密，事后一旦意识到事情的严重性则追悔莫及。

二、维护科研成果，保守科研机密

在校大学生有很多机会与专业教师从事国家级、省级的科研项目研究，或在一些知名企业实习，在从事科研或实习过程中会涉及大量的实验数据或经济指数，很多学生在不经意间就将数据泄露给他人，让国家、企业或学校受到了重大损失。

三、注重文化安全

伴随改革开放的深入，很多外来文化不断涌入中国，形成一种中西交融、价值取向多元化的趋势，并对这一时期成长的"00后"产生了影响。多元文化使主流文化和传统文化教育受到挑战，很多学生在不同的价值观、理想信念和行为方式上产生了"西化"的倾向。

【防范建议】

1. 学习国家安全相关法律知识，增强维护国家经济、信息、科技和文化安全的意识。

2. 利用互联网等工具与境外人士联系时，要学会甄别身份及其行为，回避涉及国家安全的相关问题。

3. 不经老师或实习单位许可，不将科研项目等相关数据透露给其他单位或个人。

4. 遇到涉及国家安全的问题，及时上报相关部门。

第二节 抵制邪教

"法轮功""全能神"等邪教组织采用治病消灾、宗教气功、小恩小惠或暴力胁迫等方式，将一些暂时遇到挫折的人拉入邪教队伍，通过所谓的传道进行"洗脑"，并从事违反道德和法律的事情，很多人因此误入歧途，造成误工、误学，甚至断送生命。

【防范建议】

1. 树立科学的世界观、人生观、价值观，学会用马克思主义的立场、观点和方法去分析认识事物，破除迷信，普及科学知识，坚持国家利益高于一切。

2. 学会辨别正规宗教组织和邪教组织，自觉抵制邪教传播。

3. 误入邪教组织时，要把生命放在首要位置，必要时可以以损失一定钱财为代价，思想上，时刻警惕勿让邪教"教义"洗脑。

4. 积极检举揭发邪教的违法犯罪活动，发现邪教人员从事地下活动并制作、传播、散发、张贴反动宣传品及秘密串联聚会等活动时，及时拨打110报警或到当地派出所报案。

学长提醒：

我的很多同学，还有身边的朋友，他们向来不愿提及国家大事甚至国家安全。因为他们觉得国家大事应由国家来操办，可对于中国而言，包括我们在内的人民大众才是国家的主人，许许多多的小家组成了这个大家庭，我们所做的很多事情都关系到这个大家庭的安危，这个大家庭需要我们每一个人保守"家"的秘密，维护"家"的劳动成果，让那些破坏我们家庭和谐，甚至打算造成我们家庭分裂的不法分子无机可乘。

第四篇　学业指导篇

"等你上了大学就可以随便玩了"，相信很多人在高三的时候都被这句话洗脑过，在经历了高考的重压之后，在课程相对宽松的大学校园里，很多人开始挥霍大把的时间和精力过"梦寐以求"的生活。睡懒觉、追剧、打游戏、逃课、参加社交娱乐活动……很多大学生在度过了半年到一年的过渡期后，渐渐陷入迷茫和困惑，并思考这真的是自己想要的生活吗。

近日，某大学以"大学最后悔的事"为题在网站上展开调查，结果接近40%的人选择了"虚度大学光阴"。"大学没有好好学习""没有多去几次图书馆"也成为很多毕业生的遗憾。

在这里，编者还要提醒萌新大学生一件重要的事情，2018年6月21日，教育部部长陈宝生在新时代全国高等学校本科教育工作会议上发表讲话：中国教育"玩命的中学、快乐的大学"现象应该扭转，对中小学生要有效"减负"，对大学生要合理"增负"，提升大学生的学业挑战度。咱们学校深入贯彻落实教育部精神，已经在不断加强学习过程考核，严格考试纪律，严把毕业出口关，已经取消"清考"制度。大学是青少年学习的黄金时期，是我们增长本领和才干的重要阶段，一定要且行且珍惜……怎么样，说到这里，你对大学期间的学习是不是该重新认识了呢？

大学学习到底怎么学？现在就和你一起聊聊大学的真实学习情况吧！一谈到学习是不是有些不屑呀？你们可能心里在想我从小学到初中再到高中十几年来只做了一件事，那就是学习，一路过关斩将才来到大学，我们也不是"盖的"。不就是学习嘛，还能有什么不同吗？无非也就是到点上课、平时测验、期末考试……那你想得就太简单了，大学的学习和之前十几年修炼的学习方法有很多不同之处，如果你处理得好那无疑是到了天堂，美哉美哉！如果你处理不好，一味用之前的方法对待学习那恐怕会惨惨地收官，不亚于沉入地狱。不信吗？那让我们先来说说大学学习和高中学习的不同之处吧！

第十六章 大学学习与高中学习的不同

第一节 大学与高中学习要求不同

很多同学进入大学后出现学习不适的情况，原因就是很多同学已经习惯了从小学、初中到高中被人安排好了去学习，时间安排满满的，一切按部就班地执行就可以了。而到了大学里面，课余时间多了，学习主动性更重要了，要自己安排学习进度、学习内容、学习计划，就会时常感到不知所措。也许你会想，高中那样不是挺好的吗？学校安排好了，我们执行不就好了吗？编者想要问你：你想永远根据别人的安排来做事情，永远做一个随波逐流的人吗？在社会上，不自己去想怎么做，不自己思考的人是很难成功的。

大学与高中的学习要求不同，大学学习的是一种能力，培养的是一种素质，这也就是我们常常提起的"素质教育"和"能力教育"。大学学习效果检验的重要标准，是能否将自己所学的知识转化为实际应用的能力，能否运用到实际工作之中，这其中没有人会给你出一套试卷来考你，也不会有什么"分数"来评判你。正如悉尼大学校长 Michael Spence 所说的："大学必须成为这样的一个圣地，不仅在这里可以获得信息，同时也可以在这里学到最为核心的思考技能。"

"大学四年，你学到了什么？"如果你是学会了没有老师指导，能够自主学习的本领，那么你的大学没有枉费。如果你不仅学会了自主学习还能够将各学科不同的技能综合运用，那你的大学将是成功的。总之,要清楚地意识到大学里你才是学习的主人,这是一场没有发令枪声却有终点的比赛,没有人告诉你开始比赛了,但会有人告诉你时间到了比赛结束。如何完成这场比赛就要看你自己的了。

第二节　大学与高中课程设置不同

首先,大学课程的种类要比高中多很多,在高中三年的时间里,你最多不过学习了十几门课程;而到了大学,在四年的时间里,要学习的课程有 30 多门。

其次,在中学,大多数课程都是贯穿整个中学阶段的,同一门课程,要学习好几年,只不过是在内容上不断加深,而且老师还在不断地帮助你们复习,以便你们去参加各种各样的考试。而大学课程学习的周期比较短,一般情况下,一门课程一个学期就学习结束了,所以在大学学习的过程当中,课外学习就显得非常重要。当你接触一门课程的时候,课前要做好充分的预习,课后也要花时间认真地去消化、理解,多看一些参考书,养成查阅资料的习惯,同时要努力培养自己的自学能力,这样才能跟上大学的学习节奏。

第三节　大学与高中教学方法不同

首先,从教学理念说起,高中的教学,老师多半是给学生灌输一些知识点;而在大学里,老师会介绍一些思路和学科的框架,更多的是从教会学生思考、培养学生分析能力的角度来进行。也就是说,在大学里,更多地注重启发和引导。

其次,高中的教学内容和大学的教学内容也是有区别的。比如高中时候我们更多地依赖教材、围绕着教材边学边复习,为的是什么?高考!而到了大学以后,教学内容就和中学有了很大的区别,教师不再死抠教材,教材也许只是老师手里很多教科书中的一本,老师可能会推荐更多相关的参考书，授课内容也会更多地结合自己的研究成果和学科前沿，这样才有助于学生对这门课的全面掌握。

再次，高中时期的课外学习习题比较多，老师会围绕着应试采用题海战术。而到了大学，不难发现，老师很神秘地上课来、下课走，布置的作业不多，讲解问题也多是一些抽象的理论，或者概括性的描述。所以要想学好必须围绕着老师展开学习，而不是像中学那样，老师天天围绕着学生。到了大学以后，学生要更多地发挥主观能动性，充分利用老师的资源、图书馆的资源。

最后，高中和大学的教学手段也是有所区别的。中学老师注重应试，大学教师更多会使用电化教学的设备。在这样的情况下，老师不可能就一章的内容颠过去、倒过来地讲，而利用多媒体，老师所讲的内容信息量更大、说话跳跃度更大，每一次课的内容就会异常丰富，所以需要学生课后多花时间自己去掌握。

从这些不同之处不难发现大学的学习并不简单。大学学业不仅知识量丰富、知识难度大、学习时间短，而且没有人督促，教学过程以启发为主，学业多半需要学生自主学习来完成。

第十七章　大学学习成绩如何考核

第一节　学分制

在大学多实行学分制管理。学分制是指以学生取得的学分数作为衡量和计算学生学习量的基本单位，以取得最低毕业总学分作为学生毕业的主要标准的教学管理制度。本科各专业的基本学制为四年。为满足学生自主学习的需要，学院允许学生在三到六年的时间内完成学业。学生经批准缩短或延长在校学习时间不影响毕业资格和学士学位申请资格。编者在大学这些年来还没有见过哪位学霸可以在三年的时间内完成学业的，但需要五、六年才完成学业申请到毕业证的倒是真的见过一些，所以千万不要以为这是闹的呀！

学生在规定的学制或学习期限内修满本培养方案规定的各类学分，准予毕业，发给毕业证书。关于学分制的详细讲解详见《营口理工学院课程平时成绩考核与管理实施办法（暂行）》及《营口理工学院期末考试管理办法》。

编者温馨提示：

学生应修的课程未取得学分累计达30学分（含30学分）以上40学分以下者，予以降级处理；第二次达到降级处理的学生，予以直接退学。学生应修的课程未取得学分累计达40学分（含40学分）以上者，予以退学。

学生应修的课程未取得学分累计达30学分（含30学分）以上40学分以下者，予以降级处理；第二次达到降级处理的学生，予以直接退学。学生应修的课程未取得学分累计达40学分（含40学分）以上者，予以退学。

学生应修的课程未取得学分累计达30学分（含30学分）以上40学分以下者，予以降级处理；第二次达到降级处理的学生，予以直接退学。学生应修的课程未取得学分累计达40学分（含40学分）以上者，予以退学。

（重要的话说三遍）

第二节 课程考核

课程考核类型分为考试和考查。考试方式包括平时考核、期中考试和期末考试。考查课程方式包括平时考核，期末独立完成论文、实验、调查报告等。为促进教育和教学方法的改革，提高学生的综合素质和能力，推进学生学习方法和学风的改进，我院严肃平时成绩考核。平时成绩考核项目有出勤、课堂表现（包括学习笔记、课堂提问、课堂讨论、精神面貌）、平时作业、阶段考核（期中考试）、课程实验等。平时成绩最多可占总成绩的60%，具体比例由各系、部根据课程性质、类型确定。

编者在此又要温馨提示：

上课时一定要认真听讲，切不可上课睡觉。因为当你眼睛一闭一睁的时候，你会发现一章内容讲完了。当你眼睛再一闭一睁的时候，你会发现老师站你面前了。他有可能是你的任课老师，那你这科平时成绩就别想高了，但站在你面前的老师也有可能是院长、学生处处长、教务处处长，或者是你的辅导员、班主任老师，被他们发现你课堂的如此表现后果可想而知。编者还要特别、特别、特别提示一点：上课时千千万万不要玩手机之类的电子产品，因为我们学校开展了一项关于上课玩手机等电子产品的专项治理行动，一旦你被发现上课期间玩手机之类的电子产品，直接给予警告处分。

（到了处分级别就是评奖、评优资格取消，学生干部直接拿下……总之很严重）上学期就有四名学长、学姐以身试法，结果惨惨的，所以，切记关注你课堂表现的老师远不止站在讲台上的那一位。

大学旷课貌似是司空见惯的，但编者不得不提醒，我校明确规定旷课累计达总课时 1/5 以上学时或缺课累计达总课时 1/4 以上学时的，取消当学期本门课程考试资格。平时成绩不足 1/3 者，视为平时成绩考核不合格，取消当学期本门课程考试资格。一门课程学期累计未完成教师布置作业达到作业总量 1/3 以上的，取消当学期本门课程考试资格。所以乖乖上课认真完成作业吧，这才是正道，不然很有可能连考试资格都没有。

最后我们一起来谈谈期末考试吧。也许你们听邻家姐姐或哥哥说过他们的大学，期末考试很简单，老师监考一点不严，被抓到也就是没收纸条，赶出考场，没什么大不了的。那编者可以肯定地说，你的邻家姐姐或哥哥一定不是在我们学校上学的。我们学校的考风可不是一般、二般的严肃，我校不在乎学生的数量有多少，只在乎学生的质量有多高。所以绝不允许有不诚信、不努力、滥竽充数者存在。所以如果你平时只想随便混混，期末作点小弊，糊弄着大学毕业就算了，赶快放弃你的想法吧，已经有十几位学长学姐以身试法，被开除了，被开除了，被开除了……。想想都可怕呀！！！

第三节　学习成绩排名

1. 学生学习成绩排名以本年级、本专业为组别，每学期进行一次，主要以学生第一次考试成绩为依据。

2. 学习成绩排名是重新选择专业（只可在第一学年第一学期后申请）、评奖、评优、选拔干部的重要依据。

3. 学习成绩排名是学生本学期考试课和考查课成绩综合比较的

结果。

4. 每学期学习成绩排名,以第一次考试实有成绩为依据,分三种情况按顺序进行:

(1) 第一次考试成绩全部及格的学生,按照计算公式由高至低排名;

(2) 第一次考试成绩不及格,下学期初补考成绩全部及格的学生,在(1)类人员排名后,按照计算公式由高至低排名;

(3) 第一次考试成绩不及格,下学期初补考成绩仍然不及格的学生,在(2)类人员排名后,按照计算公式由高至低排名。

编者听到有人说第4条没看懂,是什么意思呀?且听编者举例道来。如A同学科科成绩90分以上,但不幸有一科不及格。B同学科科成绩60分,无不及格课程。那么在成绩排名时,即使A同学加权成绩再高也要排在B同学后面。成绩排名以第一次考试为主,无挂科的同学在一起排名,有挂科的同学在一起排名。编者似乎又听到了不同意见哦,现在都提倡长板理论了,我各科都学习很好,可就是英语学不好,那我就不能拿奖学金了吗?编者也很赞同长板理论的,每个人一定有自己的短板,如果你科科都考90分,英语学得吃力些,60分,那英语是你的短板,但如果英语你都没有及格,那就不是短板的问题了。学校如此安排的用意就是希望你发挥长板,但决不可让短板成为你的绊脚石,如此良苦用心希望大家懂的。

5. 学生学习成绩排名采用课程考试成绩加权平均分法,计算公式如下:

$$M = \frac{\sum(课程考试成绩 \times 课程学分)}{\sum 课程学分}$$

例如:

无机化学2	大学英语4	高等数学5	计算机应用基础2	化学工程与工艺导论1
92	70	98	80	94

这是某学长的期末成绩，可以明显看出英语是他的短板，但不影响他参评各项奖学金。

6. 依据上述原则及计算公式，教务处负责编制计算程序，适时自动运算排名、公布。

编者讲了大学学习的特点和课程考核方式之后，是否感觉"压力山大"呢？大学哪里是老师和父母口中的天堂呀！不仅要在课堂学习，还要在课前、课后自学，如果没学懂恐怕找老师请教都不容易，要是一不留神还有可能降级，那不是糗大了吗？别急，别急，现在编者就和你谈谈大学如何科学地学习，认真看，用心悟，你一定会有收获的。

第十八章 大学如何科学地学习

大学四年，时光如指间细沙，会倏然间流逝。想要在大学里学到真正的本领，不虚度光阴，就要从入学起掌握科学的学习方法，培养独立的自学能力和主动的探索意识。可是科学的学习方法如何掌握呢？态度决定一切！我们先从树立良好的学习态度谈起。

第一节 树立良好的学习态度

大学生应具有什么样的学习态度呢？编者今天要和大家分享一种新的对待学习、对待专业的态度，那就是恋爱的态度。这个时候一定有人在说：你没搞错吧？和学习、和自己的专业恋爱，怎么爱？它如此无趣、枯燥、高冷，我才不相信会有人和学习、和自己的专业恋爱的。不要急。相信每个人都听说过很多事业有成的"大咖"的真实讲述。他们会说这样的话："我热爱我的事业，我在自己喜爱的领域里拼命地爱，所以会有今天的成功。"还有编者本人也是很爱自己的工作的，也是在和它谈恋爱呢！虽然有些时候也会有些磕磕绊绊，但用心去爱问题就都迎刃而解了，虽然我现在还没有什么大的成就，但很幸福。也许有人说，你们爱自己的事业，是你们的事，我为什么要爱我的专业，我不喜欢它才是真的。那么编者现在给你三个理由，你就会明白你的专业最值得你去爱！

第一，如果你用心去爱你的专业，不怕困难，迎接它对你的每个挑战，那么它一定会给你带来财富。换句话说，如果你学好专业知识，它必将成为你迎接社会挑战、养家糊口的技能。

第二，如果你用心去爱你的专业，它必将对你一生不离不弃，搞专业做技术的就是越老越吃香嘛！

第三，如果你爱你的专业，学好专业知识，你将不用担心自己运气不佳而怀才不遇，因为成功是凭实力的，有实力的人到哪里都会被重用。

听了编者的这些理由，你是否也开始认同应该爱自己的专业了呢？但可能你会说我确实不喜欢自己的专业，这要怎么办？那么现在编者就来分析一下你不喜欢自己专业的原因吧！

第一，不喜欢自己的专业通常是因为你与这个专业有了近距离接触，看到了它不尽如人意的地方，忽视了它的魅力。对于自己不太了解的专业，一直都存在虚幻的想象，只想象它好的一面。就像当你真正地与"男神""女神"相处时，你才会发现原来现实并不那么梦幻，还会有磕磕绊绊。然而当你用心去了解自己的专业，真正像对待恋人一样爱她的时候，也许它并没有你想象中那么讨厌，还多了几分可爱。

第二，不喜欢自己的专业还有一个很常见的原因是认为自己的专业没有发展前景，学了也没用，所以才不喜欢的。这其中有很大程度是因为当下的视野太小，对职场生活不了解，看不清自己的未来。对于这种情况，编者的建议是提早了解职业世界的信息，开阔自己的视野。

第三，如果抛去所有的偏见，经过认真的学习研究，发现自己的性格兴趣确实与本专业不匹配，编者也要恭喜你了，因为你已经在认清自我上有了进步。接下来有两个任务：一是接受这个现实并对自己的选择负责。接受这是你不喜欢的专业这个现实，并从这一刻开始努力学习，以优异的成绩争取在大学第一学年的第一学期申请转专业；如果不能达到转专业的标准，那就要学会对自己的选择负责，特别是对错误的选择负责。因为自己在选择专业前没有进行深入的探索，因为选择专业前没有自己的主见，听信了亲朋好友的建议，不管是什么情况，你都要学着对自己的选择负责，承担选择后的一切结果。所以，即便不喜欢，也要在这四年里完成基本的学习，通过每门考试。二是寻找自己真正喜欢的专业，全力追赶。拓宽视野，多多尝试，在研究生考试时寻找机遇换到自己喜欢的专业。毕业时也是有机会扭转局面的，所以不要停留在不喜欢的抱怨当中，把所有抱怨的力量转化成你追赶新目标的力量吧！

看到这里，不难发现专业课确实有些魅力，值得去爱！但大一的新生和专业课还是有一段距离的，大一面临的是高数、英语之类枯燥的基础课挑战，怎么办呀？那么难，学了这么多年了，也一点没发现它们的可爱之处。其实没有发现数学和英语的可爱之处是因为你们一直都是被动地学习，没有发现它们的真正魅力呀！

编者先要问一个问题，你知道一瓶啤酒可以倒几杯吗？没留意是吧！可以倒5杯，为什么呢？因为成功的商人都是高明的数学家，1人喝酒没问题，2个人喝酒最后就会多1杯，还得再买酒；3个人喝酒最后就会少1杯，还得再买酒；4个人喝酒最后就会多1杯，还得再买；总之商人们正是运用了数学的思维来换取财富的，没有想到吧！再说说爱美的你们知道怎样根据自己的身材和性格打扮自己吗？数学就可以告诉你。身材细高像豆芽的，要把自己装扮得强壮些，就应穿横条的衣服；身材胖一些的，要把自己装扮得瘦高些，就应穿竖条状的衣服；想表现青春活泼的，可以穿斜波纹的衣服，真的给人动感地带的感觉。

如今的社会是大数据时代，应将数学研究和应用相结合，以海量数据为依据，用数学的思维去思考。作为时代潮流最前沿的大学生如果连大数据都不懂就太落伍了。所以，要想成为真正的时代骄子,那就好好学习数学吧!挖掘它的真正魅力,学习它的思维方式,用数学的思维指导你的人生决策,一定会获得巨大成就的。

下面再来谈谈英语。一位学长曾和编者说过这样一件事:追求一位姑娘多年,那天她QQ发给学长一句:If you do not leave me, I will by your side until the life end. 学长没有看懂,请教了过了六级的朋友翻译,他说:你要不离开我,我就和你同归于尽。于是学长伤心欲绝,再也没和姑娘联系。后来学长英语也过六级了,才知道那句是:你若不离不弃,我必生死相依!学长顿时悔恨不已,为何不早点学好英语,考过六级。由此可见,英语的重要性是显而易见的,信息高速公路"互联网"近80%的信息是由英语承载的,许多技术性质和科学性质的文献资料都是采用英文书写的,这使以英语为母语的人群具有相当大的优势,他们不需特别地学习就可以阅读大量的资料。在21世纪,全世界使用英语的人口达四分之一,如果你想了解世界的动态,那么你就必须学会英语,因为它是带你走向国际不可或缺的工具。

不仅高数和英语,每一门学科都有它的魅力和实用性,编者就不一一列举了。总之,存在必然有其合理性。只要你认真地去学习、去领悟,你一定会发现各科的可爱之处,然后像对待恋人一样去爱它们,成为一个懂它们的"学霸"。

第二节 制订明确的学习计划

一、从实际出发来制订计划

制订计划,不要脱离学习实际,要符合自己现在的学习压力和水平。有些同学制订计划时满腔热情,计划得非常完美,可执行起来却步步难行。这便是目标定得太高,计划订得太死,脱离实际的缘故。编者就见过很多同学的学习计划似乎做得很完美、漂亮，每天从早到晚时间安排得极其紧凑，一点休息的时间都没预留，甚至连吃饭的时间都做了严格规定。每看到这样的计划，我就知道这个计划一定是不能实施了。在做计划时一定要从实际出发，做一个切实可行的学习计划！

二、注意效果，及时调整

每一个计划执行结束或执行到一个阶段时，就应当回顾一下效果如何。如果效果不好，就应该找找原因了，进行必要的调整，查缺补漏，重新制订计划。编者建议做计划时，可以找一个同学协助，作为监督员定期检查效果，督促自己更好地完成计划。

三、长远计划和短期安排

在一个比较长的时间内，比如说一个学期或一个学年，自己应当有个大致的计划。因为实际中学习生活变化很多，又往往无法预测，所以，这个长远的计划不需要很具体，但要做到心中有数。而更近一点，比如下一个星期的学习计划，就应该尽量具体一些，把较重的任务分配到每周、每天去完成，使长远计划中的任务逐步得到解决。如果你已经下定决心，一定要完成自己的短期计划，那编者有一个很好的办法可以悄悄地告诉你！你可以把你每周或每天的学习计划发个QQ说说或者微信朋友圈，这样你不仅可以收到很多朋友的赞，还可以强迫自己完成计划达成目标。（说出去的话一定要想办法做到，这样还会得到很多异性同学的好感！）

第三节 养成良好的学习习惯

好的学习习惯就好比是开门钥匙，能帮助大家打开一扇扇快速提升学习效率的学习之门。关于课前预习、课上认真听讲、课后及时复习等此类优秀习惯,编者相信每个人都知道,就不在此多言了。下面是编者和大家分享的四种在大学至关重要的好习惯,希望能够带领你们提升学习效率,快速成为学习的主人。

一、阅读自学的习惯

自学是获取知识的主要途径。就学习过程而言,教师只是引路人,学生才是学习的真正主体,学习中的大量问题主要靠自己去解决。阅读是自学的一种主要形式,通过阅读教科书,可以独立领会知识、把握概念本质内涵、分析知识前后联系、反复推敲、理解教材、深化知识、形成能力。但由于现在移动通信网络技术的普及,很多人都离不开手机等电子设备,阅读传统纸质书籍的时间越来越少,取而代之的是电子书和各种碎片式的新闻,但是这种快餐式的文化是很不利于对知识的吸收和大脑的思考的。因此,编者更推荐利用图书馆,图书馆里有丰富的资源可供学习,无论是专业内的还是专业外的,都可以帮助大家开阔视野,增长知识,同时可以提高整体的知识素养和专项技能。同学们也可以在这里提早看一些求职面试的书,多了解一些职场知识,提早做好准备。

现在的书种类很多也很杂,甚至有些内容会使人产生误解。一些平时几乎不看书的同学,在面试前,找一本"面经"去看,背几个答案就去应付面试,结果可想而知。失败后也不总结教训,就开始抱怨自己的学校不好,专业不好,家里没背景之类的。相信每一名大学生都不想成为这样的失败者,那就充分地利用图书馆多看书多学习,有自己的思想和观念,取其精华,去其糟粕。在这四年时间里时刻都为毕业后的精彩生活而准备着!

二、合理运用计算机的习惯

"00后"都爱计算机,计算机几乎是每个人的必需品。但是你现在用计算机的时候都在做些什么?有多少是为了学习、为了储备知识?下面我要说的这两项基本计算机操作能力你又知道多少呢?

一是 Office 的操作能力,编者看过很多毕业生的简历,几乎每个人都会写上自己擅长 Word、Excel、PPT。可是一看 Word 做的简历,里面字体不统一、缩进长短不一、行间距大小不一等各种怪异现象层出不穷。如果你是筛选简历的人,你会有什么想法?在我看来,无非就是能力不足、技术不精,要么就是不够认真、不够重视。自己的简历都做不好的人,能做好工作吗?如果同等学力、同等背景的应聘者,做出来技术含量天地差别的简历,你说用人单位会把面试机会给谁呢?Excel、PPT 的"玄机"就更大了,编者刚工作的时候,经常被大量的数据表格搞得头晕,后来才发现,Excel 很神奇,它有各种功能、各种函数可以使工作量大大地减少。马上就要学计算机基础课的你要把它学到什么程度呢?

二是信息搜索能力,每个人都会上网,你是如何利用网络资源的呢?除了聊天,看韩剧美剧,打游戏,看网页上吸引眼球的不靠谱消息,你还做了些什么?有多少上网时间是用来学习,提升自己的个人能力的呢?有没有尝试加入自己感兴趣的专业方向的论坛里,看看圈内人士都在谈论哪些话题呢?有没有对自己感兴趣的课题进行深度的研究探索,总结出一套自己的观点看法呢?有没有对自己崇拜敬仰的名人讲话进行深入思考分析呢?网络资源很丰富,你到底用了多少来为自己的将来做储备呢?

三、善于总结的习惯

课本中每章每节的知识是分散的、孤立的，要想形成知识体系，课后必须进行总结。对所学知识进行概括，抓住应掌握的重点和关键。每学习一个专题，要把分散在各章中的知识点连成线、辅以面、结成网，使学到的知识系统化、规律化、结构化，这样运用起来才能联想畅通，思维活跃。对于生活，也一定要养成善于总结的好习惯，这样做会从对的事情中总结出好的经验，提炼出可以继续发扬的长处；从错的事中吸取经验教训，在以后的学习和生活中加以改进，这样就可以把准备做还没有做的事做得更好。

四、创新的思维习惯

"创客"一词想必大家不陌生吧！2015年3月5日，"创客"一词出现在了李克强总理的政府工作报告中，引起了全国人民的强烈反响，同时总理又在2015年工作计划中，多个章节体现了对创新和创新型人才的关注，提出了推动大众创业、万众创新的思想。"创客"一词究竟是什么意思呢？和编者一起来了解一下吧！

"创客"一词来源于英文单词"Maker"，是指出于兴趣与爱好，努力把各种创意转变为现实的人。创客分为以下三类。

（一）创意者

他们是创客中的精灵，他们善于发现问题，并找到改进的办法，将其整理归纳为创意和点子，从而不断创造出新的需求。

（二）设计者

他们是创客中的魔法师，他们可以将一切创意和点子转化为详细可执行的图纸或计划。

（三）实施者

他们是创客中的剑客，没有他们强有力的行动，一切只是虚幻泡影,而他们高超的剑术,往往一击必中,达成目标。

创新能力对一个民族、一个国家乃至整个社会的重要意义都是不言而喻的,对于我们每个人的成长、成才、成功也都是不可或缺的。编者知道作为"00后"的你们,思维活跃,接受能力强,想在大学里就成为创客,来开创自己的事业之路!但编者要提醒大家,想要成为真正的创客并不容易,在大学的四年时光里,应该先注重培养自己的创新意识,使自己成为一个"创意者"。同时不断地积累专业知识使自己可以成为"设计者",让自己的创意和点子转化为详细可执行的图纸或计划。最后毕业时,才能成为"实施者"。一个真正的创客,是用自己的创意去改变世界。

如何培养创新意识呢?什么是创新思维呢?这真的是一个大课题,恐怕编者和大家讲三天三夜也讲不完。这里编者和大家分享以下两个方面的问题。

(一)创新能力的前提

要培养自己的创新思维,就不得不说说思维视角,思维视角是指思维开始时的切入角度,要实现创新必须拓宽思维视角。拓宽思维视角的方法编者在此作介绍,改变万事顺着想的思路,俗话说东方不亮西方亮,换个角度想问题世界万物更美好!所以当你想一个问题时,不妨有意地锻炼自己从不同的角度去思考,久而久之一定会拓宽你的思维视角,成为一个有创意而且有趣的人。

(二)有效的创新方法

1. 头脑风暴法。头脑风暴法是一种在短时间内迅速产生大量主意的方法。将需要解决的问题、可能的解决方法列出清单,然后进行评判或讨论得出最后结论。

原则:自由畅想原则、延迟批评原则、以量求质原则、综合改善原则、限时限人原则。其实头脑风暴法我们用的是很多的，尤其是在不知道午饭吃什么的时候，对吧？！

2．5W2H法。5W2H法是第二次世界大战中美国陆军兵器修理部首创。其简单、方便，易于理解、使用，富有启发意义，广泛用于企业管理和技术活动。

WHAT——什么事？　明确工作/任务的内容

WHO——谁？　明确工作/任务的对象

WHEN——何时？　明确工作/任务的时间表

WHERE——何处？　明确工作/任务的空间位置和变化

WHY——为什么？　明确工作/任务的目的原因

HOW——如何做？　工作/任务完成的程序/方法

HOW MUCH——多少？　明确工作/任务的问题阈与解决阈

做任何事情都应运用5W2H法来思考，这有助于我们的思路更加条理化，有助于大家全面思考问题，拓宽思维视角。

3．曼陀罗法。曼陀罗法是一种没有设限的模式，特别适合用来收集灵感，进行创意思考。使用者在九宫格的中间填上想要发挥的主题后，便会自然地想要把其他周围的八个空格填满，如果点子不断的时候，也可以把九宫格当中周围八个格子的想法继续向外扩散。

例如，学校要对迎新生晚会进行宣传活动，我们就可以用曼陀罗法来完成。

QQ群	海报	广播站
微平台	活动宣传	拍摄宣传片
条幅	宣传板	班级面对面宣传

这是一种变"直线思维"为"视觉思维"，提高空间思维能力的有效方法，能有效激发头脑风暴，提高创意水平。

以上所说的学习习惯只是抛砖引玉，相信大家还有很多优秀的学习习惯。总之要找到适合自己的学习方法，提高自己的学习效果，做学习的恋人，在大学把这份美好的恋情进行到底，编者为你祝福！

第五篇 心理适应篇

上善若水 厚德载物

适应和发展是每一个人的人生任务,也是大学生成长的两大任务。心理咨询可以有效地帮助学生缓解和解决各种心理问题与心理困扰,使其人格更加完善,健康成长,做一个快乐而又幸福的人。

第十九章 认识心理咨询

第一节 概念的区分

心理正常、心理不正常、心理健康、心理不健康,这是我们在学习和讨论心理咨询问题时常常使用的概念。

"心理正常"是指具备正常功能的心理活动,或者说是不包含有精神障碍症状的心理活动;"心理不正常"也就是变态心理学中说的"心理异常",是指有典型精神障碍症状的心理活动。显然"正常"和"异常"是标明和讨论"有病"或"没病"等问题的一对范畴。

而"健康"和"不健康"是另外一对范畴,是在"正常"范围内,用来讨论"正常"的水平高低和程度如何。可见,"健康"和"不健康"这两个概念,统统包含在"正常"这一概念之中。这种区分是符合实际的,因为不健康不一定有病,不健康和有病是两类性质的问题。

理论上,心理咨询的主要工作对象是人的心理不健康状态。

第二节 心理健康和心理不健康的具体内涵

从静态的角度看,心理健康是一种心理状态,它在某一时段内展现着自身的正常功能。而从动态的角度看,心理健康是在常规条件下,个体为应对千变万化的内、外环境,围绕某一群体的心理健康常模,在一定范围内不断上下波动的相对平衡的过程。

在非常规条件下,当心理活动变得相对失衡,而且对个体生存发展和稳定生活质量起着负面作用时,这时的心理活动便称为"心理不健康"状态。"不健康心理活动"涵盖一切偏离常模而丧失常规功能的心理活动。

第三节 心理咨询基本理论

一、心理咨询的基本概念

心理咨询以轻度的、属于机能性的心理失常为其范围。心理咨询的目的就是要纠正心理上的不平衡,使个人对自己与环境重新有一个清楚的认识,改变自己的态度和行为,以达到对社会生活有良好的适应。

二、心理咨询的功能

心理咨询具备三个方面的功能:一是可以帮助人们认识自己与社会,帮助来访者提高对待自身和人际关系方面的心理能力;二是可以逐渐改变不合理的思维、情感和反应方式,并学会与外界相适应的方法,不仅可以消除某些症状,而且可以促进人格的重建和发展;三是不仅有心理问题的人可以寻求咨询,在自身发展中遇到阻力的正常人也同样可以寻求咨询并从中获益,提高工作效率、改善生活质量,以便更好地发挥人的内在潜力,实现自我价值。

三、心理治疗的内涵

心理治疗又称为精神治疗,是指以心理学的理论系统为指导,以良好的医患关系为桥梁,运用心理学的技术与方法,改变其不正确的认知活动、情绪障碍,解决其心理上的矛盾,达到治疗疾病目的的过程。我们认为，心理治疗是心理治疗者对来访者的心理与行为问题进行矫正，促使其向健康心理恢复和发展的过程。

四、心理咨询与心理治疗的关系

（一）联系

第一，它们所采用的理论方法常常是一致的。即在心理咨询和心理治疗的理论上没有明确的界限。

第二，它们本质一样，都是帮助来访者消除心理和行为问题，促进其健康成长。

第三，它们都重视建立良好的人际关系。

（二）区别

第一，工作的任务不同。心理咨询的任务主要在于促进成长，强调发展模式，帮助来访者发挥最大的潜能，为正常发展消除路障，重点在于预防。而心理治疗多在弥补患者过去已经形成的损害，解决和改变发展结构障碍。

第二，对象和情景不同。心理咨询的来访者多为正常人，主要涉及日常生活问题，一般在学校、单位、心理咨询机构等情景中开展工作。心理治疗的对象是心理异常和有心理障碍的患者。

第三，工作时间不同。心理咨询用时短，一般一次就可以，不需住院和去门诊。心理治疗则较费时间，需要交谈好几次或更长时间，心理治疗一般需要在专业的医院门诊进行，有的还需要住院。

第四，解决问题的性质和内容不同。心理咨询具有现实指向的性质，涉及的是意识问题，如有关职业选择、培养教育、生活和工作指导、学习辅导等，因此，多采用认知和论理的途径。心理治疗涉及内在的人格问题，更多的是与无意识打交道。

五、心理咨询的对象

心理咨询的主要对象是正常人，可分为三大类：一是精神正常，但遇到了与心理有关的现实问题并请求帮助的人群；二是精神正常，但心理健康出现问题并请求帮助的人群；三是特殊对象，即临床治愈的精神疾病来访者。

心理咨询最一般、最主要的对象是健康人群，或者是存在心理问题的亚健康人群，而不是人们常误会的"病态人群"，如精神分裂症、躁狂症等来访者是精神科医生的工作对象。健康人群或大学生会面对许多择业、人际关系、学习、恋爱、自我发展、焦虑、抑郁、压力等应对困扰，他们会期望顺利地度过人生的各个阶段，做出理性的选择，求得内心平衡，以及自身能力的最大限度发挥和提高生活质量。这时他们就可以寻求心理咨询的帮助。

六、心理咨询的分类及形式

（一）按性质分类

心理咨询按性质分类可以分为发展咨询和健康咨询。

1．发展咨询。在大学生成长的过程中，每一阶段都可能产生困惑和问题。为了适应新的环境和选择自己的理想职业，为了学业和事业的发展而要克服自己的不足，以便顺利地度过人生的各个阶段等，所要进行的就是发展咨询。

2．健康咨询。长期处在困惑、内心冲突之中，或者遭到比较严重的心理创伤失去心理平衡，尽管他们的精神仍然是正常的，但心理健康水平下降许多，出现了不同程度的心理问题，甚至达到"可疑神经症"的状态。大学生一旦在生活、工作、学习、家庭、疾病、恋爱等方面出现心理问题，并体验到不适或痛苦，发现自己的身心健康遭到破坏时，这时进行的心理咨询都属于健康心理咨询。

（二）按咨询的规模分类

心理咨询按咨询的规模分类可以分为个体咨询和团体咨询。

1．个体咨询。个人咨询形式，就是咨询者和来访者以一对一的方式，帮助个体自我发现，解决个人问题，更好地适应社会生活。

2．团体咨询。团体咨询就是在团体情境中，向来访者提供帮助和指导。主要通过团体内人际交互作用，促使个体在团体中观察、体验、学习、分享并接纳自己与他人的感受，更好地认识自己与他人，学习新的适应性行为，以促进个人发展和提高生活适应能力。

（三）按咨询形式分类

心理咨询按咨询形式分类可以分为门诊、书信、电话、现场和互联网咨询。

（四）按咨询的时程分类

按咨询的时程分类，心理咨询可以分为短期、中期和长期咨询。

一般来说，短期咨询在一至三周内完成，解决的是一般心理问题；中期咨询在一至三个月内完成，解决的是较严重的心理问题；长期咨询在三个月以上完成，解决的是严重心理问题或神经症性心理问题等。

七、心理咨询的益处

1．提高生命品质，加强自己的修养。

2．增加自己职业竞争的软实力，让自己在职业生涯中获得更大的发展空间。

3．在人际交往过程中更加自信（知己知彼）。

4．在面对困难或挫折的时候能够更好地调节自己的心理。

5．成为家人和朋友的免费心理保健医生。

6．在帮助别人的过程中，体会到自己的人生价值和情趣。

7．提高工作效率，发挥自己的潜能。

8．掌握心理调整的方法，使自己永远处于良好的心理状态，远离亚健康。

9．为解决情感、家庭问题提供了一件利器。

10. 学习心理咨询以后，可以不断内省自己，充分地认识自我，改造自我。

第四节　大学生中哪些人需要心理咨询

当代大学生对心理咨询要有正确的认识，当主观上觉得自己生活得不是很积极，或者心理感觉不舒服，或者有烦恼，自己调节出现困难时，就要意识到需要借助心理咨询师的帮助来解决。这相当于我们中医所说的"治未病"，能起到缓解和较好的预防作用，努力把心理问题解决，防止转化为"病态"，更好地提升自己的适应能力。

经过对大学生实际心理健康状况的分析，我们认为以下人员需要进行心理咨询：

1. 希望在学业、自我成长、时间、情绪管理等方面提高，挖掘自我潜能者。
2. 出入学校，对新环境适应困难者。
3. 在生活中遇到重大选择，犹豫不决者。
4. 经受挫折后，精神沮丧、萎靡不振者。
5. 过分自卑，经常心情压抑者。
6. 与同学、老师等人际交往困难者。
7. 经历重大生活事件后，有心灵创伤无法自愈者。
8. 失恋、单相思、同性恋等情感困扰，希望积极改善者。
9. 考试不及格，竞选学生干部落选，心情苦闷，不能自我调节者。
10. 学习压力大，无力承受又不能自己调节者。
11. 有某种身体疾病，心理压力大者。
12. 开始出现睡眠障碍，入睡困难、易醒、早醒、夜惊、梦呓、夜游及梦魇者。

13. 经常厌食或暴食者。

14. 心情低落，常伴焦虑、躯体不适和睡眠障碍，注意力降低，行为变懒者。

15. 经常处在一种持续性紧张或发作性惊恐的状态，并非由实际威胁引起，紧张、惊恐程度与现实不相符者。

16. 因一种特定的情境、物体或人产生强烈的、不必要的恐惧或紧张，从而不得不回避者。

17. 明知不必要但又无法摆脱的、反复呈现的观念、情绪或行为，常伴焦虑和恐惧者。

18. 过分地关注自身健康，怀疑身体某部位或某一器官异常，尽管临床检查无客观证据，但总认为患了某种疾病，同时伴有焦虑不安者。

19. 以厌食、消瘦、闭经、虚弱为特点的女性心理问题者。

20. 反复餐后呕吐，但不影响食欲、体重者。

良好的心理咨询是人健康成长的好伙伴，也是大学生们找回自信和快乐的好途径，只有身心健康的人，才能实现人生的价值和理想，只有身心健康的大学生，才能成为社会欢迎的人才。

第二十章 大学生心理问题实例分析

第一节 抑郁症

抑郁症是情感性精神障碍的一种情感状态，情感性精神障碍是指以心境显著而持久的改变为基本表现，并伴有相应思维和行为异常的一类精神障碍。抑郁症的主要表现为心境抑郁、悲观失望、兴致丧失、精力减退和行动迟缓，心境抑郁是最核心的症状。

抑郁更是常见的心理疾病之一。随着社会竞争的日趋激烈，人们需要承受的心理压力也越来越大，那么我们应该如何战胜自卑、悲观、失望、内疚、空虚、抑郁等消极情绪，走出抑郁的阴影，积极乐观地面对生活呢？

【案例1】跳出自卑的人生陷阱

2004年2月23日下午1时20分，昆明市公安局接报云南某大学学生公寓一宿舍发现一具男性遗体。经公安机关现场勘查，在该宿舍柜子内共发现4具被钝器击打致死的男性遗体。经警方认定，云南大学在校学生马加爵有重大作案嫌疑。公安部3月1日发布A级通缉令，通缉在逃嫌疑人……

马加爵属于大学校园里"沉默的大多数"。学业中等，貌不惊人，沉默少言，没有什么文体特长，性格极为内向。案发前几日的一天，马加爵和邵瑞杰等几个同学打牌，邵瑞杰怀疑他出牌作弊，两人当众发生争执。邵瑞杰是马加爵自认为最好的朋友，这次事件让马加爵感到长久以来努力维系而且深深依赖的并不开放的社交体系骤然崩溃。2月13日至15日，马加爵采取用铁锤打击头部的同一犯罪手段，将4名同学逐一杀害，并把被害人尸体藏匿于宿舍衣柜内。15日晚，马加爵乘坐昆明至广州的火车逃离昆明。3月15日，马加爵在海南三亚市被警方抓获。

马加爵的郁闷积蓄已久。"我觉得我太失败了""我觉得他们都看不起我""他们老是在背后说我很怪，把我的一些生活习惯、生活方式甚至是一些隐私都说给别人听，让我感觉是完全暴露在别人眼里，别人在嘲笑我"马加爵后来向警方这样承认道。

【心理诊断】

心理医生分析马加爵说，他属于"思维理性，内向敏感，自卑感重"的那类人。一般认为内向的人具有做事想在前，有周密的计划，常深思熟虑，极少冒失妄动的特点。这在马加爵身上有着极好的体现。他做事显然具有非常强的计划性。另外，他在情感方面是非常敏感的，这种敏感既表现在他对帮助过他的人抱有深深的感恩之心上，同时也表现在对伤害过他的人抱有强烈的报复心上。

马加爵的自卑心很重，正是因为自卑，会担心自己不配做别人的朋友；正是因为自卑，会担心自己遭到喜欢的人的拒绝。一个人的成长一定会受到环境的影响。在某种程度上，马加爵的自卑源于他的家庭，极其贫困的家境，使内向敏感的马加爵产生了强烈的自卑，这就造成了他人际交往上的障碍。同时他的自卑也进一步加剧了他的敏感，他感觉所有的人都和他过不去，自卑让他无地自容，最后做出疯狂的举动。

马加爵缺乏一种认识自我、认识社会的内省能力。一个大学生应该具备一种自我认识、自我调适、自我设计的能力。他对自己的情感太过压抑，对社会、家人、朋友等都是冷冰冰的。正是由于内心的压抑、怨恨等无法正常发泄，一旦冲动起来就好比火山爆发。

马加爵与家人缺乏沟通理解，缺乏家人的关怀，但他作为一个高年级的大学生，读了那么多书，应该认识到这并不是父母的错，他们都是老实本分的农民，他们缺乏那种沟通理解的能力，也没有那种意识。相反，作为大学生，接受高等教育，应主动和父母沟通，更要有这种沟通意识。

【心灵指引】

（一）为人处世要心胸宽广，树立积极向上的人生观

马加爵仅仅因为和同学打牌时被冤枉作弊，竟然残忍地将四位同学杀死。一个大学生，心胸竟然如此狭窄，心态如此偏激，其原因是他消极的人生态度。所以要培养自己宽阔的心胸、对生活的热爱，即使遭遇某些挫折、困难，也不要走极端，否则自己也会成为最终的受害者。

（二）选择朋友时一定要慎重

马加爵在受审时说，被杀的四位同学平时跟他关系挺好的。可是就是因为一次打牌大家冤枉他作弊而吵架、被杀。如今社会，每个人的思想良莠不齐，在选择朋友时，一定要慎重。能增强你的良好自我形象感的途径，是使你感到你的生活中充满着爱、充满着动力，平时生活中，我们应该多交益友，避开那些损害自己自信心的人。

（三）建立自信的四个步骤

1. 善于发现自己的优点，并随时把它们记录下来。
2. 设想自己的成就。
3. 积极参加交往活动，增加成功的交往经验。
4. 全身心地投入生活、工作、学习中。

【案例2】摘掉抑郁的紧箍咒

李小敏，女，某院校大二学生，长头发，小眼睛，身材修长，是一个活泼开朗、能言善辩的女孩子。

从小就在优越的环境中长大，过着衣食无忧的生活，由于父母工作比较忙，从小由乡下的外婆抚养，直到上中学时外婆病逝，才回到城里和父母生活。父母是因为从小没能很好地照顾她，感到有点愧疚，在她回到家后，万般呵护。由于父母的疏于管教，她学习

成绩一般，考入一所不太满意的学校和专业。

大学一年级，参加了学校和系上的各类学生干部、干事的竞选，结果都失败了。面对如此"沉重"的打击，一向好胜的她陷入了自我否定的泥潭。由于争强好胜的性格，在寝室里好与人争执，又很少忍让。长此以往，寝室的同学都不敢"惹"她了，人际关系也开始出现了危机，内心充满了孤独感；晚上常常做噩梦，精神状态不佳；常常不知道自己为什么发脉气，也很难控制自己的消极情绪。

她很痛苦，也努力尝试过改变自己，但坚持不下来。精神萎靡，对生活缺乏热情，自我否定几乎表现在她生活的所有内容中，甚至产生了抑郁、自闭的精神状态。与此同时，相处了3年的男朋友也提出了分手，她不能接受现实，她感到空前绝望和无助，感到活得没有面子，不知道生活下去还有什么意义，于是她产生了自杀的想法，于寝室服下安眠药。

直到她寝室的同学回来和她说话，发现她不理她们，才发现事情不对，她们就立即把她送到了医院，最终经过洗胃和抢救，才脱离了危险。

【心理诊断】

1. 最初是由于以偏概全和绝对化思维造成的。一次干部竞选失败，导致她产生失败感，后面的发展就因此而进入了自我否定的失败感之中。

2. 小敏的情绪认知和控制能力差，她既不知道自己情绪不良的原因，又不能有效地控制自己的不良情绪，任情绪泛滥，以致造成了人际关系不良，加重了她的心理负担。

3. 小敏的挫折耐力较差，她不善于进行客观的挫折归因，夸大挫折程度，缺乏应付挫折的意志力。在这些原因中，我们很清楚地看到，情商发展不良是引起心理健康问题的重要原因，情商低的人不可能获得健康的心理发展，而且会影响她发展的各个方面。

4. 学校和家庭方面没有负起相应的责任，给的关心太少，让小敏没有很好地得到来自家庭和学校的教导与关心，冷漠的周边环境间接影响了小敏的情绪，促使悲剧的发生。

【心灵指引】

（一）药物治疗

针对小敏出现的抑郁症症状，在配合咨询专业人员治疗的同时，可根据自身情况加以药物辅助来调整病情。

（二）宣泄法

通过这种方法将内心不良的情绪体验表达出来，往往可以减轻情绪反应的强度，缩短情绪体验的时间，从而使得情绪可以较好地得以恢复。

（三）改变自我概念

用积极的自我陈述取代消极的自我语词，这对于她有很大的帮助。如大声对自己说："我是有用的""我可以的，我一定行"。长时间如此，增加了自信心，使她更有勇气来面对生活中的挫折，而不是一味地逃避。

（四）体育锻炼和有氧运动

体育锻炼可以改善心境结构，使愉悦性提高，使愤怒性和抑郁性降低，使心理活动放松、平衡性提高，降低心理疲惫程度。因此，建议要有选择地参加有趣的体育活动，从活动中获得乐趣并从中得到愉快的感觉。此外，还可以采用有氧运动的方式，如慢跑、游泳等，加强体育锻炼。

【抑郁症自测】

1. 我真希望自己哪天突然死去。
2. 小事我也感到非常着急。
3. 遇到一点小事我就感到烦恼。
4. 我感到在生活中自己是个弱者。
5. 我感到人活着没有什么意思。

6. 我感到心慌。
7. 我对异性毫无兴趣。
8. 我觉得自己太笨,样样不如别人。
9. 我变得做什么事都拿不定主意。
10. 我想自己去死。
11. 我全身没有一点力气。
12. 我讲话的声音变得有气无力,闲话少多了。
13. 我晚上睡眠时间总的说比往常少多了。
14. 我什么事情都不想干。
15. 我感到不高兴、不愉快、不痛快。
16. 我感到心里难受或心里不舒服。
17. 我对周围的一切都感到没意思。
18. 我感到紧张不安。
19. 我不想吃东西。
20. 我觉得比平时瘦多了。

说明:

1. 填表方法:这份问卷由20道题构成,每题均有0～4的数字,分别代表0没有、1偶尔有、2有时有、3经常有、4总是有。

2. 请你根据最近一周,包括今天的感觉,每个题选择最合适的数字。正常人16分;轻度16～35分;中度36～45分;重度大于45分。

第二节　焦虑

焦虑是一种在生活、学习、工作中遇到压力或危机时产生的烦躁、忧虑的复杂心理。焦虑并不是坏事,适当的焦虑往往能够促使你鼓起力量,去应付即将发生的危机,焦虑是有进化意义的。但过度的焦虑则是一种病态,如过度的紧张、烦躁、压抑、愁苦等,焦虑还常外显为行为方式，表现为不能集中精神于工作、坐立不安、失眠或梦中惊醒等。

【案例3】跟焦虑说不

这名为迎战高考每天只睡4个小时的高中女孩名叫宋然。宋然的家在农村，家庭的经济条件较差。她的妈妈病得很严重，却舍不得花钱治病，省下钱给宋然和弟弟交学费。即便生病，妈妈为了多挣几个钱，还经常忍着病痛到村里毛衣厂去做零活。父亲是汽车司机，由于昼夜疲劳，导致腿受寒，经常腿疼，不能再开车，就去建筑工地做散工。这样的家庭状况，让宋然觉得自己和弟弟能有上学的机会实在来之不易，应该把握机会。看到父母这样辛苦，宋然于是决定努力学习，用考大学来回报父母。

高强度的学习，起初宋然并不习惯，写作业的时候还会睡着。实在乏力了，就到自家门外溜一圈，跑跑步，然后再回来继续看书，长此以往。临近高考只有40多天，宋然压力剧增，怕所有努力毁于一旦，最终找到了心理咨询师。

【心理诊断】

心理学家分析，孩子在一个家庭里能否正常成长，全在于家庭如何关注孩子，其中包括支持与鼓励。宋然的情况是随着高考临近，她紧张得只能靠减少睡眠来拼。而过度紧张，会使人动作失调，行为紊乱，降低效率。她的行为其实是受父母的影响，她一直觉得父母为她奉献那么多，一定要回报，又总是害怕不能回报，她不停地感受到父母以及自身带来的压力。

专家认为，宋然现在最要紧的是面对高考要保持平和的心态，才有助于减压。应该学一些放松身心的方法，来维持内心的平和。为了把情绪舒缓下来，可以缓慢地做深呼吸，在家里经常做这样静心的操练，每次5分钟。当一个人心静的时候，智慧与创造力才会展现出来。你所保留的只是高考本来应有的压力，而抛掉的是所有额外的压力，这样就能保证充足的睡眠、健康的体魄和充沛的精力去实现自己的心愿。

【心灵指引】

（一）**转移注意力**

感觉紧张的时候可以做个深呼吸、泡个热水澡，相信可以收到相当不错的效果。另外，不要忘记在紧张的学习和工作之余多参加自己喜爱的文娱体育及其他社会活动，使自己的注意力得以转移，情绪得以放松，心境得以开阔。

（二）**音乐疗法**

欣赏一曲优美抒情的轻音乐或喜爱的戏剧唱段，既是一种美的享受，更是一种脑的放松；也可以去看歌舞剧，紧张将在悠扬的音乐和优美的舞姿中得到消除。

（三）**自我暗示法**

当你在生活中遇到难题和压力时，不要烦恼和焦急，也不要急于求成。首先应该沉着，稳定自己的情绪，并做些放松性的自我暗示。这样就会放松下来去排除难题，而一旦成功，将会形成良性刺激，得到进一步放松。

（四）**一吐为快**

当遭受到巨大的不幸而迅速进入强烈的紧张状态时，最重要的放松秘诀是与通情达理、志同道合的知己坦诚交谈，既可倾吐苦衷，又能得到理解与支持。

【紧张情绪自测】

1. 你时常怀疑别人对你的言行是否真的感兴趣。
2. 你神经脆弱，稍有一点刺激你就会战栗起来。
3. 早晨起来，你常常感到疲惫不堪。
4. 在最近一两件事上，你觉得自己是无辜受累的。
5. 你善于控制自己的面部表情。
6. 在某些心境下，你会因为困惑陷入空想，将工作搁置下来。
7. 你很少用难堪的语言去刺伤别人的感情。

8．在就寝时，你会变得焦虑不安。

9．有人侵扰你时，你会变得很激动。

10．在和人争辩或险遭事故后，你常常感到震颤，筋疲力尽。

11．你常常被一些无谓的小事困扰。

12．你宁愿住在嘈杂的闹市区，也不愿住在僻静的郊区。

13．未经医生许可，你是从不乱吃药的。

说明：

哪个选项与你最接近？A 不是，得 0 分；B 不太确定，得 1 分；C 是，得 2 分。

0～8 分：你心平气和，通常知足常乐，能保持内心的平衡。但有时过分疏懒，缺乏进取心。你要提高自己的进取心，不能过分安于现状。

9～15 分：你紧张度适中，利于完成自己的学习或工作任务，生活得充实；偶有高度紧张之感，可积极加以控制和调节。

16～26 分：你时常被紧张情绪困扰，缺乏耐心，心神不定，过度兴奋；时常感觉疲乏，又无法摆脱以求宁静。在集体中，对人缺乏信念。

第三节　恐惧症

恐惧是指对自己不熟悉的或是主观认为会对自己造成伤害的东西或事情产生的一种害怕心理。恐惧对象有特殊环境、人物或特定事物，每当接触这些恐惧对象时即产生强烈的恐惧和紧张的内心体验。患者神志清醒，自己明知这种恐惧过分、不正常并且无必要，但不能自制，无法摆脱。

【案例 4】驱散恐惧的阴云

林娜是大一新生，自从入学以来，就噩梦不断，已经持续 2 个月。不仅影响自己的睡眠，梦中时常发出的惊叫声还常吵醒同宿舍的同学。更严重的是有一天夜里，她在睡梦中从上铺跌落下来，惊醒了全宿舍的人。当时她正梦见自己被车撞落到一个深洞里……

林娜讲："入学报到，我被安排到上铺，心里一直害怕，很怕掉下去。我恐高很厉害的……"后经过学校调节将其换到下铺，想借此消除其因恐高造成的紧张焦虑。

据林娜妈妈讲，林娜在高中时有一次险些被车撞到，当天晚上她就做了噩梦。另外林娜还回忆起从上铺跌落的第二天有高数课，当时放在枕边的几本数学书也一同掉下去了，她又回想起有清楚记忆的几次噩梦的次日好像也都有高数课。

【心理诊断】

心理医生分析，林娜这种噩梦中惊醒的情况叫梦魇，是一种心理学的生物学现象。噩梦不是坏梦，而是在纾解、曝光你的负面情绪，反映出你生活中的恐惧。把它当作提醒、警告是最积极的态度。

要帮助林娜摆脱噩梦困扰，首先要找出导致她梦魇的原因。睡姿、病痛、焦虑、创伤性事件、精神疾患这些因素都可能成为梦魇的诱因。据了解林娜从小喜欢运动，身体一直很好。父亲是中学教师，母亲是工人，家族内没有精神病史。排除了病痛和精神疾患两项诱因。

经过排查，心理医生确认那次被遗忘的车祸是林娜噩梦的真正原因。通过聊天和测试了解到林娜的学习一直是被考试推着走的，从来没有自己的计划。大学校园里的各种活动让好奇心强的林娜倍感新鲜有趣，她花了大量时间在这上面，很少静心埋头于功课。高数是她最差的一门课，为了应付课堂提问和测验，她不得不在每次高数课前一晚挑灯夜战，带着这样的紧张焦虑入眠，无疑会噩梦连连。

【心灵指引】

1. 用正确的态度看待噩梦。噩梦不是病，不必紧张，以免形成噩梦与精神、生理之间的恶性循环，加剧噩梦现象。

2. 找出做噩梦的诱因，注意加以避免。做噩梦多与白天精神过度紧张、心理压力过大等因素有关,还有如睡前吃得过饱、吸烟、饮酒、看恐怖片等均可引起噩梦。

3. 详细重温噩梦内容,对噩梦了如指掌后,受惊吓的程度就会减轻。幻想好的结局,可在白天构思原来噩梦的喜剧效果和结局,达到脱敏的目的。

【恐惧指数自测】

你对失业感到过担心吗?

1. 经常　2. 有时　3. 从未有过

你很注意自己的形象吗?

1. 很在意　2. 偶尔才会　3. 不在意

在处理事情或解决问题上你总是感到力不从心吗?

1. 有时会　2. 遇到难题时会　3. 从未有过

你害怕别人家养的宠物吗?

1. 害怕　2. 有些害怕　3. 没什么可害怕

你的父母或长辈对你严厉的管教是否会让你感到害怕或敬畏?

1. 对某一个人有过　2. 有时会感到害怕　3. 不记得有没有过

你对做过的事责任心如何?

1. 基本没有　2. 可以承担部分责任　3. 可以负全部责任

你愿意接触权威人士吗?

1. 看到就觉得恐慌　2. 不愿意过多和他们接触　3. 并没有特别惧怕他们

你对自己的身体健康状况有信心吗?

1. 一直担心自己会得不治之症　2. 有时为小病而感到担心　3. 从来没有担心过

你与你的恋人之间的信任程度如何?

1. 我一直忧虑他会离开我　2. 有时会担心他离我而去　3. 我们彼此之间都很信任

有些事必须由你亲自做出决定时你会是什么心态?

1. 总是担心会出问题   2. 偶尔会觉得不安   3. 很自信，肯定没问题

说明：

每道题答案前面的序号代表得分，分数累计相加，得出总分。

10~14分：恐惧的情绪时常困扰着你，你害怕做任何事，你的生活因此少了很多平静和欢乐。你应该抛开过去曾经让你感到恐惧的失败和阴影，相信自己可以应付一切，这样才能摆脱恐惧的困扰。

15~24分：在一些关键场合或做出重大选择时你才会恐惧，这也会影响到你的生活。建议你在面对重大事情时，多做一些准备，这样就能克服恐惧感，增强自信。

25~30分：你比较大度，心理也很健康。

第四节 嫉妒等人格缺陷

人格缺陷是与正常的社会规范准则难以融洽的一种心理障碍。它的定义是："人格特征显著偏离正常。这种人格特征的偏离使得患者形成了特有的行为模式且对环境适应不良，甚至达到害人害己的程度。"

【案例5】 以豁达化解嫉妒

陈亮是某名牌大学法律专业大三学生，他以优异的成绩考入这所名牌大学。在大学期间，他与同学相处非常融洽，同学们都喜欢他。但逐渐地，他产生了严重的不平衡心理。只要别的同学哪方面比他强、老师夸奖其他同学、别的同学勤工俭学、别的同学被评为三好学生等，他就嫉妒得夜不能眠。基于强烈的嫉妒心理，陈亮处处争强好胜，考试作弊、竞选拉选票……久而久之，班级同学逐渐疏远他，而陈亮也因为考试作弊被学校处以开除学籍处分。

【心理诊断】

陈亮的悲剧结局让人痛心。如果他能把争强好胜的心思用在学

习工作上，在落后时奋起直追，那么他的大学生活将是丰富多彩的。可见，嫉妒心理是要不得的，我们要引以为戒。

在现实生活中，嫉妒是一种极端消极、狭隘的病态心理，是人际交往中的一大心理障碍，它会限制人的交往氛围，它会压抑人的交往热情，甚至能反友为敌。嫉妒是怎样产生的呢？从本质上说，嫉妒是看到与自己有相同目标和志向的人取得成就而产生的一种非正当的不适感。对于嫉妒者本身来说，它是本质上的疵点。一个人，一旦受到嫉妒情绪的侵袭，往往会头脑糊涂，停滞不前，甚至丧失理智，处处以损害别人来求得对自己的补偿，以致做出种种蠢事。

【心灵指引】

嫉妒是一种不健康的心理，但如果你想改变它，也不是不可能。

1. 正确认识自己。既看到自己的短处，也看到自己的长处。尤其要克服乱攀比的心态，要善于学习，勇于超越。

2. 克服个人主义和虚荣心。把别人的成就和荣誉当作自己学习的榜样和前进的动力。

3. 对待他人要宽容。

4. 要具有仁爱之心。

5. 具有忍让精神。看到别人比自己强时，要多看人家的长处，多找自己的短处。

6. 变嫉妒为动力。不断地奋斗、工作，与家人、同学、朋友增加交往，增进了解。

【心理健康自测】

1. 你与陌生人在一起时是否会感到恐惧不安？
2. 你与不熟悉的人合作，能否把工作顺利地进行下去？
3. 你心里紧张时能否保持头脑清醒而不出差错？
4. 你是否经常把别人交办的事搞错？
5. 你是否会因为孤独而经常哭泣？

6．你是否会因不愉快的事情缠身，就总是愁眉不展？
7．你是否因处境艰难而悲观厌世？
8．你遇到突发事是否会手足无措？
9．你的家庭成员中是否有严重精神病患者？
10．你的家庭成员中是否有因神经官能症而看过医生的？
11．在别人家里吃饭，你是否会感到神经紧张？
12．你是否容易感情用事？
13．你是否不能宽以待人，甚至包括自己的朋友在内？
14．你是否爱钻牛角尖，而听不进别人的劝告？
15．你是否经常对任何事情都提不起兴趣，做什么事都心不在焉？
16．你是否经常会感到坐立不安，烦躁紧张？
17．你是否经常幻想到恐怖的景象，而感到害怕？
18．你是否因为别人做错的事，自己却感到不安？
19．你是否因为别人做得稍不如意，就会暴跳如雷？
20．你是否因别人请求帮忙而感到不耐烦？

说明：

1代表是，2代表否。选择1，计1分，选择2，计2分，把分数累计相加。

得分在20分以上的人，即有可能存在某种心理问题，需要在专业人员咨询和治疗下提高心理健康水平。

第二十一章　心理疾病的预防

第一节　如何发现心理不健康现象

身体不适是件让人痛苦的事，但得感冒大家都能意识到去内科看病、腿疼去看骨科，而有些不适，如失眠、精神不振、疼痛、全身不适、烦躁等，却不知该去哪里治疗，四处奔走、检查、找中医，犹如患了疑难杂症。其实，很可能就是心理疾病。心理疾病复杂多样，与平时大家所认为的心理疾病即精神疾病不同。以下症状属心理疾病范畴，应去看心理医生。

1. 睡眠障碍。入睡困难、早醒、多梦、易醒，醒后不能再入睡、夜惊、夜游、梦瘴（经常被噩梦惊醒）。

2. 情绪障碍。持续的心情低落、消极观念、兴趣减退、身体不适或消瘦、话少、活动减少；或情绪高涨、高兴愉悦甚至欣喜若狂及易恼怒、脾气急躁、言语多、自我评价过高或夸大、行为鲁莽、睡眠减少而精力充沛。

3. 应激相关障碍。由强大的精神刺激或持续不断不愉快处境导致抑郁、焦虑、害怕情绪，警惕性增高、失眠、过分担心，遇到与刺激相似的境遇感到痛苦。

4. 精神障碍。思维特殊，有时逻辑推理荒谬离奇，或言语中心思想无法琢磨、行为异常、自言自语、表情淡漠、疏远亲人、生活懒散、部分病人有敌意、冲动，此类病人多不认为自己得病。

5. 焦虑障碍。莫名紧张、恐惧、坐立不安，不时心慌出汗，症状突然出现、突然消失，症状出现前不可预测。

6. 强迫障碍。有明知没必要却控制不住的情绪、观念和动作，如反复询问、反复想一件事情、反复洗手、反复检查、重复做某一动作，患者对此痛苦不堪，却无法摆脱。

7. 恐惧障碍。患者对某种环境、任务或物体产生强烈的恐惧，自己知道过分害怕不合情理，但不能克服，多用逃避方式应付恐惧。

8. 疑病障碍。过分关注自己的身体健康，过多担心或相信自己患某种严重躯体疾病，反复就医检查。医生解释和医学检查的阴性结果不能打消其顾虑，即身体有某种器质性病变，也不能解释患者所诉症状的性质和程度。

9. 疼痛障碍。持续、严重的疼痛，疼痛不能用生理现象或躯体疾病做出合理解释，情绪冲突或心理社会因素直接导致疼痛的发生。经检查未发现疼痛相应的躯体病变。

10. 神经衰弱。精神易兴奋却又易疲劳，多表现为紧张、烦恼、易激惹及肌肉紧张性疼痛和睡眠障碍。

11. 进食障碍。

（1）神经性厌食。多表现在爱美的青少年女性身上。为降低体重故意限制饮食，回避可导致发胖的食物，自我诱发呕吐、自我诱发排便、过度运动或服用利尿剂，导致厌食、消瘦、闭经、虚弱。

（2）神经性贪食。反复发作和不可抗拒的摄食欲望及暴食行为。有担心发胖的恐惧心理，常采取引吐导泄、禁食等方法消除暴食引起的发胖。神经性贪食者常有神经性厌食病史。

12. 器质性精神障碍。有明确的躯体疾病、脑部疾病。如冠心病、糖尿病、支气管哮喘、肝脏疾病、肾衰、脑血管疾病等。实验室检查异常，结果充分。同时伴有智力下降、记忆力减退、个性改变、意识障碍以及兴奋、躁动、胡言乱语、易喜易怒、情感脆弱等。日常生活、人际交往、工作、学习能力受损。

第二节 积极乐观地面对生活

生理方面：保证营养，加强体育运动，增强体质，合理娱乐和休息，消除疲劳，调节情绪。

心理与社会方面：建立健康的学习生活环境。

1. 提供友爱、温暖、互助的集体氛围。
2. 培养乐观、积极、幽默与爱的情绪，善于控制和调节不良情绪。
3. 培养发展人际关系能力，提高对人生各转折期的适应能力。
4. 建立健康积极的人生哲学。
5. 积极参与社会实践，以及参加必要的训练与辅导，提高活动能力。
6. 遇到心理问题能寻求有效的途径来疏导和解决。
7. 对心理疾病患者的理解和帮助。

第三节 心理健康水平的十标准

（一）心理活动强度

心理活动强度指对于精神刺激的抵抗能力。在遭遇精神打击时，不同的人对于同一类精神刺激，反应各不相同。这表明，不同人对于精神刺激的抵抗力不同。抵抗力差的人往往反应激烈，并容易留下后遗症，可以因为一次精神刺激而导致反应性精神障碍或癔症；而抵抗力强的人，虽有反应，但不强烈，不会致病。这种抵抗力，或者说心理活动强度，主要和人的认识水平有关。一个人对外部事件有充分理智的认识时，就可以相对地减弱刺激的强度。另外，人的生活经验、固有的性格特征、当时所处的环境条件以及神经系统的类型，也会影响到这种抵抗能力。

（二）心理活动耐受力

上面说的是对突然的强大精神刺激的抵抗能力。慢性的、长期的精神刺激，可以使耐受力差的人处在痛苦之中，在经历一段时间后，便在这种慢性精神折磨下出现心理异常，个性改变，精神不振，甚至产生严重躯体疾病；但是，也有人虽然被这些不良刺激缠绕，日常也体验到某种程度的痛苦，但最终不会在精神上出现严重问题，有的人甚至把不断克服这种精神苦恼当作强者的象征，作为检验自身生存价值的指标。有的人甚至可以在别人无法忍受的逆境中做出光辉成绩。我们把长期经受精神刺激的能力，看作衡量心理健康水平的指标，称为心理活动耐受力。

（三）周期节律性

人的心理活动在形式和效率上都有着自己内在的节律性，例如，人的注意力水平，就有一种自然的起伏。不只是注意状态，人的所有心理过程都是有节律性的。一般可以用心理活动的效率做指标去探查这种客观节律的变化。有的人白天工作效率不太高，但一到晚上就很有效率，有的人则相反。如果一个人的心理活动的固有节律经常处在紊乱状态，不管是什么原因造成的，我们都可以说他的心理健康水平下降了。

（四）意识水平

意识水平的高低往往以注意力品质的好坏为客观指标。如果一个人不能专注于某种工作，不能专注于思考问题，思想经常"开小差"或者因注意力分散而出现工作上的差错，我们就要警惕他的心理健康问题了。因为注意水平的降低会影响到意识活动的有效水平。思想不能集中的程度越高，心理健康水平就越低，由此而造成的其他后果，如记忆水平下降等也越严重。

（五）暗示性

易受暗示的人，往往容易被周围环境的无关因素引起情绪的波动和思维的动摇，有时表现为意志力薄弱。他们的情绪和思维很容易随环境变化，给精神活动带来不太稳定的特点。当然，受暗示这种特点在每个人身上都多少存在，但水平和程度差别是较大的，女性比男性较易受暗示。

（六）康复能力

在人的一生中，谁也不可避免遭受精神创伤，在精神创伤之后，情绪会出现极大波动，行为暂时改变，甚至某些躯体症状都是可能出现的。但是，由于人们各自的认识能力、各自的经验不同，从一次打击中恢复过来所需要的时间也会有所不同，恢复的程度也有差别。这种从创伤刺激中恢复到往常水平的能力，称为心理康复能力。康复水平高的人恢复得较快，而且不留严重痕迹，每当再次回忆起这次创伤时，他们表现得比较平静，原有的情绪色彩也会很平淡。

（七）心理自控力

情绪的强度、情绪的表达、思维方向和思维过程都是在人的自觉控制下实现的。所谓不随意的情绪和思维，只是相对的。它们都有随意性，只是水平不高，以致难以察觉罢了。对情绪、思维和行为的自控程度与人的心理健康水平密切相关。当一个人身心十分健康时，他的心理活动会十分自如，情绪的表达恰如其分，辞令通畅，仪态大方，不过分拘谨，不过分随便。这就是说，我们观察一个人的心理健康水平时，可以从他的自我控制能力如何进行判断。因此，精神活动的自控能力不失为一个心理健康指标。

（八）自信心

当一个人面对某种生活事件或工作任务时，首先是估计自己的应付能力。有些人进行这种自我评估时，有两种倾向，一种是估计过高，一种是估计过低。前者是盲目的自信，后者是盲目的不自信。这种自信心的偏差所导致的后果都是不好的。前者由于过高的自我评估，在实际操作中因掉以轻心而导致失败，从而产生失落感或抑郁情绪；后者由于过低评价自己的能力而畏首畏尾，因害怕失败而产生焦虑不安的情绪。

因此，一个人是否有恰如其分的自信，是精神健康的一个标准。自信心实际上是正确认知自我的能力，这种能力可以在生活实践中逐步提高。但是，如果一个人具有"缺乏自信"的心理倾向，对任何事情都显得畏首畏尾，并且不能在生活实践中不断提高自信心，那么，我们可以说，此人的心理健康水平是较低的。

（九）社会交往

人类的精神活动得以产生和维持，其重要的支柱是充分的社会交往。社会交往的剥夺，必然导致精神崩溃，出现种种异常心理。因此，一个人能否正常与人交往，标志着一个人的心理健康水平。

当一个人毫无理由地与亲友和社会中其他成员断绝来往，或者变得十分冷漠时，这就构成了精神障碍症状，叫作"接触不良"；如果过分地进行社会交往，与任何素不相识的人也可以"一见如故"，也可能是一种躁狂状态。在现实生活中，比较多见的是心情抑郁，人处在抑郁状态下，社会交往受阻较为常见。

（十）环境适应能力

从某种意义上说，心理是适应环境的工具，人为了个体保存和种族延续，为了自我发展和完善，就必须适应环境。因为一个人从生到死，始终不能脱离自己的生存环境。环境条件是不断变化的，有时变化很大，这就需要采取主动性或被动性的措施，使自身与环境达到新的平衡，这一过程就叫作适应。主动适应的内涵是积极地去改变环境，消极适应的内涵是躲避环境的冲击。

有时，生存环境的变化十分剧烈，人对它无能为力，面对它只能韬晦、忍耐，即进行所谓的"消极适应"。"消极适应"只是形式，其内在意义也含有积极的一面,起码在某一时期或某一阶段上有现实意义。当生活环境条件突然变化时,一个人能否很快地采取各种办法去适应,并以此保持心理平衡,往往标志着一个人心理活动的健康水平。

第六篇　　组织发展篇

中国共产党党员入党誓词为：我志愿加入中国共产党，拥护党的纲领，遵守党的章程，履行党员义务，执行党的决定，严守党的纪律，保守党的秘密，对党忠诚，积极工作，为共产主义奋斗终身，随时准备为党和人民牺牲一切，永不叛党！

"入党"是一个神圣的词汇，是年轻人心中的梦想，假如高中的你没有圆梦，没关系，现在的你已经成为一名大学生，大学是你人生中在思想上和行为上日趋成熟的重要时期，因此，大学时代依然是你接受党的考验的良好机会，那么入党的条件和程序又是怎么样的呢？下面让编者为你科普一下吧！

第二十二章　明确入党条件

党的十九大通过的党章第一章第一条明确规定："年满十八岁的中国工人、农民、军人、知识分子和其他社会阶层的先进分子，承认党的纲领和章程，愿意参加党的一个组织并在其中积极工作、执行党的决议和按期交纳党费的，可以申请加入中国共产党。"这就是申请入党的基本条件。

编者解读：

按照这个规定，申请加入中国共产党，必须具备以下五个条件：

1. 年龄在18周岁以上。

2. 本人必须具有中国国籍，是各个阶层的先进分子。

3. 承认党的纲领和章程，不只是口头上的，更重要的是有决定和行动。

4. 愿意参加党的组织并在其中积极工作，这是列宁主张的必须坚持的一个原则问题，只有全体党员都坚决执行党的决议，才能保证全党在思想上、政治上、行动上的高度一致,党才有战斗力。

5. 愿意按期缴纳党费,这是党员关心党的事业、有组织观念的一种表现。

第二十三章　了解入党程序

根据《中国共产党章程》《中国共产党发展党员工作细则》和有关规定，并结合学校的实际情况，发展党员的一般程序如下。

第一节　积极分子的考察和培养

一、本人申请

由申请人亲自书写一份《入党申请书》，及时上交给辅导员老师，并积极主动向辅导员老师汇报思想动态。

编者提示：入党申请书的具体写法和注意事项如下所述。

（一）入党申请书的基本书写格式及内容

1. 标题。居中写"入党申请书"。
2. 称谓。即申请人对党组织的称呼，一般写"敬爱的党组织"。顶格书写在标题的下一行，后面加冒号。
3. 正文。主要内容为：第一，对党的认识、入党动机和对待入党的态度。写这部分时应表明自己的入党愿望；第二，个人在政治、思想、学习、工作等方面的主要表现情况；第三，今后努力的方向以及如何以实际行动争取入党；第四，个人的履历、家庭成员及主要社会关系的情况。
4. 结尾。入党申请书的结尾主要表达请党组织考察的心情和愿望，一般用"请党组织审查"或"请党组织看我的实际行动"等作为结束语。
5. 署名和日期。在申请书的最后，要署名和注明申请日期。一般居右书写"申请人×××",下一行写上"××××年×月×日"

(二)写入党申请书应注意的问题

1. 要认真学习党章,掌握基本精神,加深对党的性质、宗旨、任务,党员的权利、义务等基本知识的理解。

2. 要联系自己的思想实际谈对党的认识和入党动机,不要以旁观者的身份一味评论别人。

3. 对党忠诚老实,向党组织反映真实思想情况。

4. 入党申请书要写得朴实、庄重,对于正文中各部分的内容,可根据自己的实际情况掌握。

5. 因为入党申请书要装入本人档案,所以必须用钢笔填写,最好用碳素水笔填写,不能用铅笔或圆珠笔填写,且一定要用稿纸书写。

二、党小组推荐和团组织"推优"

在递交入党申请书至少六个月后,对政治觉悟较高、思想素质较好、愿意用共产党员标准要求自己的学生,采取党员推荐、群团组织推优等方式产生入党积极分子人选,由支部委员会(不设支部委员会的由支部大会)研究决定,确定为入党积极分子,并报上级党委备案。

编者提示:成为入党积极分子之前应该怎么做?

拥护党的理论和路线、方针、政策,能够在政治上同党中央保持一致。积极争取,要在学习、工作和社会生活各个方面,用共产党员的标准严格要求自己。主动向辅导员老师和党组织积极、及时汇报自己的思想、工作和学习情况,克服缺点、弱点和错误,及时取得党组织的帮助教育,经受住党组织的长期考验。

三、组织培养与党的基本知识培训

对已被确定为入党积极分子的学生,党组织会指定1~2名正式党员作为培养联系人,指导入党积极分子认真填写《入党积极分子考察表》,并采取吸收他们听党课、参加党内有关活动、分配一定的工作、进行院级党课培训等培养方式培养他们。

编者提示:

(一)《入党积极分子考察表》的填写

《入党积极分子考察表》是入党积极分子的必备品,是重要的党员组卷材料,所以大家一定要认真填写,按照培养人的要求规范填写,不可以随意涂改,必须用黑色水性笔或者钢笔填写,填写内容必须真实。

(二)党校培训

党校培训分为院级和校级两个级别,在院级培训考核合格后,方可参加校级培训。两级培训尤为重要,大家一定要高度重视,只要你足够认真,一定会有所收获。营理的党校培训无论内容还是形式,都会让参训学员耳目一新、快速成长,编者在这里期待你的加入!

四、思想汇报

申请入党的学生应经常主动向党组织汇报思想。一般每季度一次,分为书面和口头两种方式,以便党组织了解自己的思想情况,求得党组织的指导和帮助。党支部每半年对要求入党的积极分子进行一次考察,分别提出培养意见和措施。

编者提示:怎样进行思想汇报?

(一)思想汇报的基本写法

要求入党的同志为了使党组织更好地了解自己,接受党组织的教育和监督,要积极主动地向党组织汇报自己的思想、学习和工作情况。这是培养自己的组织观念、提高思想觉悟的有效途径。最好能够根据学习情况经常向党组织汇报思想。为了便于党组织更加全面、系统地了解申请入党人员的思想状况,提倡写书面思想汇报。

当然，也可以进行口头汇报。

思想汇报的基本书写格式及内容如下所述。

1. 标题。居中写"思想汇报"。

2. 称谓。即汇报人对党组织的称呼，一般写"敬爱的党组织"。顶格书写在标题的下一行，后面加冒号。

3. 正文。写思想汇报，应结合自己的学习、工作和生活情况，向党组织反映自己的真实思想状况。具体内容根据每个人的情况而定。如果对党的基本知识、马克思主义的基本理论的学习有所收获，便可以通过思想汇报的形式，将学习体会、思想认识上新的提高及存在的认识不清的问题向党组织说明；如果对党的路线、方针、政策或一个时期的中心任务有什么看法，可以在思想汇报中表明自己的态度，阐明自己的观点；如果参加了重要的活动或学习了某些重要文章，可以把自己受到的教育写给党组织；如果遇到国内外发生重大政治事件时，则要通过学习提高对事件本质的认识，旗帜鲜明地向党组织表明自己的立场；如果在自己的日常生活中遇到了个人利益同集体利益、国家利益产生矛盾的问题，可以把自己有哪些想法，如何对待和处理的情况向党组织汇报。为了使党组织对自己最近的思想情况有所了解，就要把自己的思想状况、有了哪些进步、存在什么问题以及今后提高的打算写清楚。

4. 结尾。思想汇报的结尾可写上自己对党组织的请求和希望。一般用"恳请党组织给予批评、帮助"或"希望党组织加强对自己的培养和教育"等作为结束语。

在思想汇报的最后，要署名和注明汇报日期。一般居右书写"汇报人：×××"，下一行写上"××××年×月×日"。

（二）写思想汇报应注意的问题

1. 思想汇报应是真实思想的流露，最重要的是真实，切忌空话、套话、假话，做表面文章。

2. 写思想汇报应根据不同时期的思想认识状况，集中写体会和认识深刻的一、两个方面的问题谈深谈透，不要罗列多个方面的问题泛泛而谈。

3. 写思想汇报要密切联系自己的思想实际，不要长篇大段地抄录党章、报告、领导讲话和报刊文章的内容，防止形式主义。

4. 写思想汇报要实事求是，对自己做一分为二的评价，不但要对自己的成长进步进行肯定，而且要找准存在的不足，敢于向党组织暴露缺点和问题。

第二节　预备党员的发展

一、确定发展对象

参加过院级党校培训、基本具备党员条件的入党积极分子，需经过至少一年的培养教育和考察后，在听取党小组、培养联系人、党员和群众意见的基础上，经支部委员会（不设支委会的由支部大会）讨论同意，并报上级党委备案后，可以确定为发展对象。

编者提示：

在确定为发展对象之前，入党积极分子的培养时间一定是一年以上，切莫心急，组织的考验也是在锻炼和磨砺你，加油吧，同学们！

二、对发展对象进行培养教育和审查

党组织要在对发展对象培养教育的基础上，适时进行短期集中培训，培训一般由学校党委组织（即参加校党校学习），培训结束时，每个发展对象都要进行认真总结，校党委要采取适当方式对其进行考核，考核合格发放党校学习结业证书，未取得校党校培训结业证书的积极分子，不能发展入党。

三、征求党内外群众的意见

入党积极分子经过一年以上的培养教育后,支部委员会讨论其是否确定为发展对象时,要听取党内外群众的意见。为保证发展党员的质量,不少基层党组织在履行发展党员程序中的几个重要环节上,采取民主测评的方式。

编者提示:

确定发展的时候,党组织会进行全班同学的民主测评,考验大家群众基础的时候到了,平时的努力和付出,小伙伴们都会看在眼里、记在心里,关键时刻他们会挺你!

四、政审

党组织要对发展对象进行政治审查,政治审查的主要内容是:对党的理论和路线方针政策的态度;本人的政治历史和在重大政治斗争中的表现;遵纪守法和遵守社会公德情况;直系亲属和与本人关系密切的主要社会关系的政治情况。作为申请入党的同志,要正确对待组织的考查和审查。组织座谈会或民意测验,并征求辅导员、班主任和主要任课教师的意见,进一步了解发展对象的平时表现。凡未经政治审查或政审不合格的,不能发展入党。

编者提示:

政审注意事项如下:

1. 直系亲属一般指发展对象的父母、配偶、子女,自幼抚养其长大的养父母和由其抚养的养子女。长期同本人一起生活、关系密切的其他亲属,如祖父母、外祖父母、兄弟、姐妹等,必要时也应了解他们的政治情况。

2. 写入《入党积极分子考察表》中的主要社会关系都需要进行函调的政审。

3. 因为政审函调一般邮递时间较长,所以在接到政审通知后,大家一定要第一时间开展此项工作，切勿拖延。

五、预审和公示

整理其有关材料，主要包括入党申请书、思想汇报、自传、政审材料、团组织"推优"材料、党校培训结业证明、征求党内外群众意见材料、党支部综合考察报告等，并对发展对象的自然情况、申请入党及确定入党积极分子时间、担任职务和奖惩情况、党校培训情况、政审情况、民主测评情况、预审情况等进行全校公示。

编者提示：怎样书写自传？

（一）自传的基本写法

自传，是自述生平和思想演变过程的文章。即把自己走过的生活道路、经历、思想演变过程等系统而又有重点地通过文字形式表达出来。

自传的基本书写格式及内容通常如下。

1．标题。居中写"自传"。

2．正文。主要内容包括：第一，个人成长经历。一般从小学或七周岁写起。要写明何时、何地在什么学校读书或从事什么活动；担任过什么职务；受过何种奖励或处分；何时、何地、何人介绍加入过何种进步组织、反动组织或封建迷信组织，任何职务，有何其他政治历史问题，结论如何；需要向党组织说明的其他问题等。第二，个人思想演变过程。这是自传的主体部分。一般结合自己的成长经历，分阶段地写明思想演变过程。对经历过的党和国家的历史中的重大事件的认识、态度和表现及从中吸取的主要经验教训；对党的路线、方针、政策的认识和态度；在政治风波中的表现和思想认识；对党的几代领导集体的感情和认识；特别是学习党的理论对自己思想演变的影响；经党组织的培养教育所发生的思想变化等。通过对以上这些思想演变过程的清理和回顾，总结成长进步经历，提高思想觉悟，明确今后的努力方向。第三，家庭主要成员、主要社会关系情况。家庭主要成员情况：主要指父母、已参加工作的兄弟姐妹以及与本人长期生活在一起的亲属的职业和政治情况。主要社会关系情况：主要指与本人在政治上、经济上有直接联系的亲友、同学等人的职业和政治情况。

3. 结尾。本人要署名和注明日期。一般居右书写姓名"×××"，下一行写上"××××年×月×日"。

（二）写自传应注意的问题

1. 入党自传不是文学体的自传，而是政治自传。应主要写明自己的政治和思想观念发展变化的历史轨迹。所以，自传的内容不能避开党和国家的重大政治问题与政治事件，并且要说明自己的看法和观点。

2. 要坚持实事求是的原则。要如实写出自己的经历，实事求是地评价自己。不夸大、不缩小、不编造、不隐匿，包括时间、地点都要写清楚，一些重要事件要有证明人。

3. 要从实际生活中总结经验教训。写自传不单单是实录生活经历，应从自己思想变化的分析中，明辨是非、把握方向。经验教训不要干巴巴，要寓理于叙事之中。

4. 写自传不能等同于写"履历"。自传要求写得详细，可以是夹叙夹议，对主要经历、情节要交代得具体。既要避免只直述经历不触及思想，又要避免平铺直叙，重点不突出，记流水账式的写法。应当主次分明，简繁得当。

六、确定入党介绍人、填写入党志愿书

发展对象要有两名正式党员作为其入党介绍人。入党介绍人一般由培养联系人担任，也可由党组织指定。入党介绍人要认真完成对发展对象和预备党员培养教育的任务，指导被介绍人填写入党志愿书，并认真填写自己的意见。

编者提示：

（一）填写《中国共产党入党志愿书》有哪些基本要求？

1. 填写入党志愿书前，党支部负责人和入党介绍人对发展对象进行填写要求的详细说明和规范。发展对象填写入党志愿书要严肃认真，填写内容需翔实、规范。

2. 一般情况下均由发展对象本人自己填写有关栏目。如本人填写确有极特殊困难情况，可由党支部指定党员按照发展对象口述代为填写。

3. 填写时均应用钢笔或黑色水性笔，字迹要工整清楚，不可以有任何涂改。

（二）写入党志愿应注意的问题

1. 在发展党员常用文书中，入党志愿书是唯一的党组织印发、发展对象填写的材料。入党志愿有规定的篇幅，不能像其他材料那样不受字数限制地填写。为此，首先要注意字数。

2. 入党志愿要在"入党申请书""思想汇报""自传"等基础上进一步加工、提炼，字斟句酌，把自己最想向党组织表达的思想写出来。

3. 入党志愿要写得郑重、庄严、真诚。

七、召开接收预备党员的支部大会

发展对象汇报对党的认识、入党动机、本人履历以及需向党组织说明的问题。支委会要向支部大会报告对申请审议的情况。与会党员要对发展对象能否入党进行充分的讨论，并采取无记名投票的方式进行表决。赞成人数超过应到会有表决权的正式党员的半数，才能通过接收预备党员的决议。支部大会讨论两人以上入党时，必须逐个讨论和表决。

八、组织谈话和审查

党委审批前，党总支指派专人对入党志愿书和有关材料进行审查，广泛听取党内外群众的意见，并同申请人进行谈话，做进一步的考察。谈话人应将谈话的情况和自己对申请人能否入党的意见，如实填写在入党志愿书上，递交党总支并向校党委汇报。

编者提示：谈话的目的和主要内容

审批前的谈话，主要有两个目的：一是使基层党委全面准确地了解发展对象的情况，保证审批质量；二是对发展对象面对面地进一步帮助教育。因此，谈话的内容应主要了解发展对象的以下情况：

1. 发展对象对党的认识。
2. 发展对象的入党动机。
3. 发展对象掌握党的基本理论和基本知识的情况。
4. 发展对象在重大政治斗争中的表现情况。
5. 发展对象积极要求入党的情况，目前的主要优缺点。
6. 发展对象对党组织还有什么需要说明的问题。

了解这些情况后，谈话人还要有针对性地对发展对象进行党的基本知识的教育，帮助其端正入党动机。同时，针对发展对象存在的缺点和不足，指出今后努力的方向。

九、党委审批预备党员

党委主要审议发展对象是否具备党员条件、入党手续是否完备。发展对象符合党员条件、入党手续完备的，批准其为预备党员。党委审批意见写入《中国共产党入党志愿书》，注明预备期的起止时间，并通知报批的党支部。党支部应当及时通知本人并在党员大会上宣布。预备期一般从接收预备党员的支部大会召开日算起。

十、入党宣誓仪式

进行入党宣誓，应在支部大会上通过和党委批准为预备党员以后才能举行，因为支部大会通过接收党员的决议，必须经过党委批准才能生效。

编者提示：

参加宣誓的预备党员在宣誓时应持立正姿势，面向党旗，举右手，齐肩握拳。庄重、严肃，牢记入党誓言，并努力付诸实践。

第三节 预备党员的教育和转正

1. 预备党员教育和考察。党组织应及时将上级党委批准的预备党员编入党支部或党小组。通过党的组织生活和实际工作锻炼，对他们继续进行教育和考察。党组织可通过听取本人汇报、个别谈心、集中培训、实践锻炼等方式，对预备党员进行教育和考察，发现问题，应及时指出。党支部会组织新发展的预备党员填写《预备党员考察表》，并记录考察情况。预备党员每一季度有一次口头或书面的汇报。党组织每季度都要讨论一次，发现问题要及时同本人谈话。

2. 预备党员转正申请。一年预备期满后，预备党员要主动写转正申请，递交所在党支部。转正申请的汇报内容涉及思想、工作、学习、生活、同学关系等各方面，要具体化，特别要针对支部大会所提缺点汇报改正情况。

3. 预备党员转正征求党内外群众意见和公示。预备党员经过一年的培养教育后，支部委员会在讨论其是否转正时，要听取党内外群众的意见，之后进行全校公示。

4. 支部讨论预备党员转正。召开支部大会，讨论研究预备党员提出的转正申请，具备党员条件的，按期转正；不完全具备条件、需进一步教育和考察的，可延长一次预备期，延长时间不能少于半年，最长不超过一年；不具备党员条件的，应取消其预备党员资格。支部大会讨论通过并报党总支审查。

5. 党委审批。党委对党支部上报的预备党员转正的决议，讨论审批。审批的结果应及时通知党支部。党支部书记要与本人谈话，并将审批结果在党员大会上宣布。

6. 材料归档。预备党员转正后,应将其入党志愿书、入党和转正申请、自传、政审材料、思想汇报、教育考察等材料存入本人人事档案中。

第七篇　学生活动篇

挥别了中学时代，怀揣着理想迈进营理的大门。在这里，你的人生将开启新的历程；在这里，丰富多彩的学生活动等待着你；在这里，绚烂的舞台属于你们！这一章，就让我们一起跟随编者的步伐来了解一下营理各式各样的学生活动吧！

第二十四章 学长带你看精品

第一节 魅力营口一日行

为使营理新生更好地了解营口、热爱营口，亲身感受营口经济蓬勃发展的势头，展现滨城营口的无限魅力，学院每年都会组织新生参观游览营口西炮台、营口老街、沿海产业基地明湖广场、营口盖州望儿山、营口北海浴场等多处景点，开展魅力营口一日行活动。一次高考，让五湖四海的同学们相聚在营口；一次活动，让同学们了解营口、热爱营口，亲身感受营口这座美丽滨城的魅力。

第二节 大学生社团风采展

为了让新生尽快地熟悉新的环境，更快地融入大学校园的氛围中，学院每年都会举办大学生社团风采展，让新生感受学生社团的活跃气息，更带动整个校园的气氛，丰富校园生活。各社团的精彩展示给每一位营理新生留下了美好的印象，来自五湖四海的学子带着他们的梦想与希冀开始了在营口理工学院的追梦之路。社团风采展，让新生快速地了解并融入社团生活和社团文化中，更是为大家创造了一个展示自己的舞台及新老生交流的平台。

第三节 一二·九爱国主义系列活动

一二·九运动是中国共产党领导的青年学生爱国救亡运动。长期以来,学生们的爱国热忱和奋不顾身的救国行动,激励了一代又一代青年为振兴中华而奋斗。渗透爱国主义精神,引导营理学子适应时代的发展,正确认识祖国的历史和现实,学院举办了一系列爱国主义活动。其中包括爱国主义知识竞赛、爱国主义演讲比赛、爱国主义征文比赛、升国旗仪式以及一二·九长跑等。增强爱国的情感和振兴祖国的责任感,弘扬伟大的中华民族精神,高举爱国主义旗帜,自强不息,艰苦奋斗,真正把爱国之志变成报国之行。同时也提高了大学生综合素质,锻炼健康的体魄,磨砺意志,培养其团结合作精神。

第四节 青春音乐会

青春音乐会推进了学生团体文艺活动的蓬勃发展,丰富了学院高雅的文化,激发了更多的同学对高雅文化的热爱。以"延续营理品牌经典,谱写青春华丽篇章"为主题的音乐会延续了品牌晚会的经典,以西洋、古典乐器为主,让高雅代代相传。让同学们在陶冶情操的同时,培养文明高雅的生活情趣,尽展我院学生的文艺才能。

第五节 营口有礼 雷锋文化系列活动

从学雷锋进社会场所、进社区、进学校等多个角度组织了志愿者校园清扫、学雷锋快闪、学雷锋宣传、学雷锋团会、理论宣讲、志愿帮扶等多个方面的活动。曾开展倒闸沟村小学爱心支教、营口东站志愿服务、营口市金石幼儿园志愿服务等一系列品牌公益志愿活动，同学们用热情和爱心去感染身边更多的人，让身边人也加入这个奉献社会的大家庭中，让更多的人感受到当代雷锋精神，让雷锋精神在营口理工学院的校园里不断地传播，对于当代大学生而言，只要学有所用，为社会贡献一己之力，给他人送去温暖和关怀都是有意义的。

第六节 青春年轮·绿植校园

一年一度的"青春年轮"活动，已经成为学生感恩母校、构建和谐校园的重要组成部分，同学们怀着对学院的满腔热爱与对未来的无限希冀，挖坑、扶苗、培土、浇水，大家都做得那么庄重认真、一丝不苟，亲手种下了对未来的希望，也在心中种下了对母校的深深眷恋。倡导保护环境，见证成长，提升爱校荣校意识。对促进我院精神文明建设，引导学生开展积极向上的校园文化活动，具有重要意义。

第七节 五四青春合唱大赛

五四青年节是为纪念1919年5月4日爆发的五四运动而设立的。五四合唱比赛是以弘扬"五四"精神，展现大学生风采为宗旨。通过合唱比赛反映了校园生活和当代青年学生积极向上的精神，丰富了我们的校园文化。同学们陶冶了情操，提高了艺术修养，营造了学院和谐向上、健康文明的文化氛围。

第八节 校园生活技巧大赛

当代大学生风华正茂，活力四射且不乏热情，灵感闪现处总能迸发出独特的光芒。学院曾举办包粽子和叠被子大赛，充分培养了同学们的动手能力和劳动能力，提高了同学们的思维能力与创造能力，增强了同学们爱劳动的意识，形成了浓厚的爱劳动、爱传统文化的氛围。

第九节　校园吉尼斯

校园吉尼斯活动是营口理工学院的精品活动，为忙碌的学习生活增添了一分色彩。其设置了三分王、腕力王、二人三足、毽球王等项目，既能丰富同学们的课余文化生活，让同学们更积极地参加体育活动，又培养了同学们顽强拼搏的精神，展现了当代大学生朝气蓬勃的青春活力，弘扬了积极进取、顽强拼搏的精神。

第十节　风筝大会

具有快乐理念的奔跑风筝大会的举办让同学们在紧张学习之余放松了身心、锻炼了身体。五颜六色、各式各样的风筝也放飞了同学们的希望和梦想。带领学生走出寝室，走向操场，融入集体。陌生的朋友不再陌生，熟悉的朋友更加熟悉。

第十一节　名人讲堂

在科技进步与注重人文的新时代，扬文化、重科学、求先进，使全校广大学生能够和时代最前沿的精英人物面对面地交流。学院曾邀请过香港凤凰卫视著名时事评论员阮次山、新东方教育科技集团董事长兼总裁俞敏洪和中国大陆著名礼仪专家金正昆等名人大师做讲座，这些名家的讲座对于大学生的思想建设有很大影响，让同学们以名人为榜样更努力地加强自己各方面的能力，提升内在素质。

第十二节　国际大学生节百米长卷书画大赛

"国际大学生节"又称"世界大学生节"。在十九大会议上，习近平总书记提出了"培养担当民族复兴大任的时代新人"的出发点，国际大学生节举办的目的就是锻炼当代大学生在学习工作之余对事物的自我解读能力和领悟能力，从传统中汲取精华为营养，接受现实的风雨和阳光来生长文化。百米长卷，留墨溢彩，不仅展现了学子们的创意与才华，同时也让人感受到了浓浓的书画情怀。缘起书画，营理为家。

第二十五章　学姐带你逛社团

第一节　文化艺术类社团

一、繁曦戏剧社

　　繁曦戏剧社每年都会举办戏剧艺术节等多项活动。在戏剧艺术节中，全院有喜剧天分的天才们齐聚一堂，通过各自独具特色的文艺表演，让广大同学们欣赏到了丰富多彩的节目。繁曦戏剧社是以语言类节目表演为主的社团，因此，本社团的戏剧表演在整个学院久负盛名，一直以来，该社团的特色演出都受到同学们的热烈欢迎。来到戏剧社，就等于来到了艺术的天堂，有戏剧社的地方就是舞台！

二、Star 流行音乐社

　　"校园十佳歌手大赛"历久弥新，以盛产"校园歌王"而著称校园。选手们通过场外报名，从海选到决赛，最终角逐出十佳歌手。学院师生、往届歌王会前来助阵。澎湃的歌声与震撼的灯光主宰着整场视听盛宴。"校园十佳歌手大赛"也成为 Star 流行音乐社的招牌活动。该社团成立于 2009 年，是营口理工学院成立最早、规模最大的综合性文娱类社团，自成立以来，Star 流行音乐社创立了营理第一支民乐队，已经成功举办了十届校园歌手大赛。

三、Model Showing 模特社

　　模特在神秘的 T 台上尽情地展现自我，诠释完美；礼仪是一种

积淀下来的文化，亭亭玉立她的型，温文尔雅她的笑，用旗袍衬托出最独特的"东方美"。她们定期为同学们进行形体训练、礼仪训练，在培养社团成员的外表形象与内在气质的基础上，让大家找回自信、勇敢秀出自己，发现自己身上的闪光点，在T台上秀出精彩，秀出魅力。

四、Power Chord 吉他音乐社

Power Chord 吉他音乐社成立于 2011 年 11 月，原名为 K5 吉他音乐协会。社团成立八年多以来，先后独立举办了四季主题晚会——第一季"摇滚之夜"、第二季"音为爱情"、第三季"乐队之夜"、第四届"Let's Rock"，在营口理工学院有着广泛的影响力和较好的口碑！社团还不定期地组织爱心义演和主题月活动。爱心义演：组织街头义演，将义演所得到的钱捐助给失学儿童或者残障人士等需要帮助的人；主题月活动：每个月定一个主题，比如一月是民谣月，二月是蓝调月，在每个月月末让社团成员们给出关于这个主题的演出或者成果。有一份音乐梦想的同学都可以在这个舞台上大放异彩。

五、水墨轩书画社

水墨轩书画社成立于 2010 年，是我校唯一一个书法与绘画相结合的社团。在这里你可以和志同道合的书画爱好者们一起学习，并且每学期社团都会组织至少一次艺术比赛或活动，在社团内，每周末都会在画室里定时开展教学活动，主要项目有素描、软笔、硬笔、橡皮章。社团成员可以根据自己的兴趣选择性地学习，教学内容基础易懂，只要你肯坚持，我们可以在短时间内帮你开启新技能！

六、花样年华旗袍社

花样年华旗袍社于 2014 年成立，本社曾参加过俄罗斯交流会、

营口市旗袍协会年会、鲅鱼圈母亲节百人旗袍秀等活动。本社有专业的老师进行悉心指导，如果你喜欢旗袍，喜欢民国风或者古风，想要提升自己的气质和魅力，不限男女，请加入我们，花样年华旗袍社里的漂亮姐姐们期待你的到来！

七、舞戒街舞社

舞戒街舞社本着以舞会友的宗旨，欢迎所有热爱街舞的同学。为丰富学生课余生活，每学期举办舞戒街舞社内部 Battle 交流活动，以斗舞的形式将社员平均分为两队，DJ 随机播放音乐，每队轮流派出队员根据音乐即兴展示，最后由所有人选出最佳个人和最佳团队并颁发精美奖品互相交流。了解街舞历史，了解最前沿的街舞信息，并促进社团成员交流，互相学习、互相提高。作为走在时尚潮流最前线的艺术社团，每年都会有大量的演出邀请，在这里你将会找到属于你的节奏。

八、云巅原创文学社

这是一个凝聚着爱、散发着光芒、拥有着温暖的文学社。基于对文学的喜爱，同学们聚集在一起进行文学比赛和创作，提高自身文学素养，用朴实的语言、动人的细节，记录生活的点滴和温暖社会的平凡，在校园内曾多次举办主题征文比赛，同时也在营口市参加过多次征文比赛，成绩颇丰。

九、Carnegie 口才社

演讲是我们口才社的专利，为了提高同学们的演讲水平，本社每年都会举办主持人大赛。届时，将会对参赛的选手进行统一的培训、严格的素质拓展训练和专业的演讲教学。参加主持人大赛将是你走上人生舞台的重要一步，是让你面对众人的一次心灵的自我跨越。主持人大赛将会有著名的演讲家和专业的主持人现场进行点评,同时对优秀选手进行培训。主持人大赛的优秀选手有机会在学校的各大晚会上进行主持,让全校师生领略到你的风采。口才不仅仅在于舞台,更在于生活!

十、All kill 嘻哈社

All kill 嘻哈社是一个含有街头文化元素的社团,近年来,中国的飞速发展,吸引了全球的目光。同时,人们的文化生活也在不断进步,越来越多的潮流元素开始进入国人的视野——beatbox、rap、breaking……其中,beatbox 更是方兴未艾。但是,许多人因为忙于学习、游戏等,对于这些新兴元素并不了解,甚至闻所未闻。因此,我们成立了 All kill 嘻哈社,来将这些刚刚兴起的潮流元素传播出去,让越来越多的大学生了解它,同时丰富大学生的课外生活。

十一、凝妆化妆工作室

凝妆化妆工作室成立于 2014 年 9 月,是为配合学校各项活动中礼仪以及化妆事宜而成立的一个学生社团,该社团本着让女生的气质与美貌融为一体的宗旨,为女生日常生活、求职应聘、舞台演出等能够展现出自己最自信的一面而提供技巧支撑,进而展开各类活动。希望有意向的同学积极加入我们,我们会让你变得更美。

十二、零式动漫社

零式动漫社是以鉴赏番剧、漫画,以及定期举办线下活动或线上观摩的社团。本社团秉着积极向上的原则,为动漫爱好者们提供了一个交流平台,丰富学生生活,促进同好之间的交流。

十三、美食美客美食社

美食美客美食社,一个给喜爱美食的同学提供交流平台的兴趣爱好型社团。社团成立于 2014 年。社团每年都会举办校园厨艺大赛、端午节包粽子大赛等。如果你也喜欢美食，享受美食带来的乐趣，就快加入我们吧。让我们一起用真诚的心，做出绝佳的美味，把美味传到心底。

十四、Inspire 摄影社

摄影社长期与其他社团保持密切合作，陆续为学校各大新媒体中心"注入活力"，同时定期开展摄影理论教学与摄影外拍活动（包括手机摄影和单反摄影），另外还有不定期摄影后期教学和摄影赛事指导。摄影社并不要求社员必须拥有单反相机，但如果你的兴趣度浓厚，愿意提升自我追求，可以适当为自己配个称手的"兵器"，虽然有人说"摄影穷三代，单反毁一生"，但玩好了能受益一生。摄影社需要的并不是你手中的机器，而是机器背后的那颗大脑，还有一个热忱的心！

十五、心晴心理协会

心晴心理协会是向广大师生推广和普及心理健康知识、提供心理卫生服务，在学校相关组织的帮助下成立的学生组织，自主开展与大学生心理健康相关的活动。通过一系列的活动能够在帮助大学生解决心理困惑、心理压力的同时，传播心理健康知识。组织大学生在各项活动中宣传心理健康知识，探索人类内心世界的奥秘，帮助同学认识自我、发展自我、改变自我，用真诚的行动温暖大家。

每年社团都会面向全校举办校园心理情景剧大赛，以情景剧的形式讲述大学生身边的故事，以生动形象的方式诠释心理健康问题，激发了学生参与心理健康教育的主动性和创作的积极性，丰富了校园文化氛围。学生们在设计、表演、观看情景剧的过程中也能够感同身受，更加深刻地认识自己、了解自己、成长自己，优化心理品质。

十六、思维无限桌面文化社

思维无限桌面文化社通过桌上社交的形式,解决当代大学生的社交能力不足、沉迷电子游戏等方面的问题。桌上竞技是一种脱离电子产品的线下活动,成立此社团更加诠释了大学生的创新意识。几个人围着一张桌子,不仅可以扮演各种角色"斗智斗勇",还可以增进彼此的沟通了解,加深友谊,这种独特"催化剂"是在网络游戏中所体会不到的。

第二节 体育竞技类社团活动

一、璟翎羽毛球社

璟翎羽毛球社,更名于2018年9月,原社团为凌云乒羽社,更名后第一学年荣获校社团星级评比"五星社团"。社团活动向来既能保证数量又能保证质量,多次承办大型比赛,每学期都会定期举办校级羽毛球锦标赛,以此带动全体师生参加到体育运动中来,同时也培养了大量的优秀羽毛球运动员与专业裁判员,为学校营造了良好的运动氛围。

二、青松乒乓球社

青松乒乓球社,更名于2018年9月,原社团为凌云乒羽社,社团各部精诚集结、通力合作,为活动的开展贡献了全部力量。社团本着"以球会友,社团一家人"的宗旨,自成立以来,每学期都会开展乒乓球争霸赛,大赛旨在丰富大学生的课余生活,增强学生体质。另外,无论寒冬还是酷暑,每天活跃在校园内的"社团晨跑队伍"都是一道亮丽的风景线,感染着每一位运动达人。在锻炼身体的同时更养成了一个好习惯。

三、风云篮球社

风云篮球社为广大爱好篮球的同学提供了一个展示自己才能、满足自己兴趣的平台。每个学年的风云篮球争霸赛都是全校性大型球类团体活动，也是营理校园一年一度的传统赛事，活动内容主要包括开幕式、循环赛、闭幕式暨总决赛。每逢这个时期，校园内总会掀起全校看赛事、全员参与运动的高潮。同时，社团还会定期组织篮球技能训练、篮球联盟赛等活动，促进校内外篮球爱好者的技术交流与沟通。

四、KUB 游泳协会

KUB 游泳协会始建于 2013 年，KUB 游泳大赛是游泳协会的品牌活动，是针对本院的各位游泳爱好者应运而生的游泳比赛。游泳比赛在营口奥体中心游泳馆举办，作为省级专业游泳比赛馆，营口奥体中心游泳馆将为我们的游泳比赛提供专业级的场地。每次 KUB 游泳大赛都吸引了广大的游泳爱好者前来参加，每次大赛社团都会以其优质的服务和专业的指导得到选手和观众的一致好评。从参赛选手选拔到决赛的较量，每一次都是激情和汗水泼洒，观众们也会为之迸发出最为热烈的掌声。希望能在未来的 KUB 游泳大赛上看到你的风采！

五、鲲鹏跆拳道社

鲲鹏跆拳道社于 2009 年成立，是最早成立的社团之一，作为一个以武会友的竞技类社团，只要你对跆拳道有兴趣就可以加入我们。该社团会在每个年度举行一次以武术为主题的表演晚会。在晚会上，我们将会为大家展示跆拳道的魅力、精髓和特色。跆拳道源远流长、博大精深，作为一项格斗技术为你增加人格魅力和精神面貌。晚会上将有各种各样的跆拳道表演，包括技术动作展示、腿法展示等多种形式的表演。每一个跆拳道动作都是一滴滴汗水换来的，在这里你会感受到跆拳道的真正的魅力。挑战自我，超越极限，强身健体。

六、滨城足球社

滨城足球社是由一群足球爱好者组建起来的，本社团会在每个学期举行全院范围内的足球比赛。届时，各系代表队的足球爱好者们齐聚一堂。通过彼此之间的足球联赛，来增加同学之间的友谊，提高足球技艺。足球联赛是展示个人出色的运动能力的极佳表现机会。如果你是一个热爱足球的人，那么就加入我们的社团中来，在球场上一展你的雄姿吧！

滨城足球社的宗旨是通过广泛开展足球活动，丰富广大师生的足球文化生活，提高足球水平。为建立足球社体制、完善足球专业训练和提高足球水平而努力。

七、炫酷轮滑社

炫酷轮滑社是集健身、娱乐、竞技、休闲、趣味、技巧于一体的学生社团，是校园社团的重要组成部分，也是深化发展校园文化的生力军。本社团在2019年代表营口理工学院参加辽宁省第一届轮滑球比赛，通过社团各参赛成员的不懈努力最终获得第三名的优异成绩。轮滑公路竞速赛是社团的品牌活动，公路轮滑是基于对风驰电掣的渴望，为让选手更加酣畅淋漓地表达对速度的追求，校园完美的硬化公路让这项运动有了更加宽广的舞台，活动整体充满了激情与挑战，轮滑爱好者争相参与，赛事备受瞩目！下一届的赛事，相信也会看到你们的身影！

八、天龙散打社

天龙散打社是营口理工学院致力于发展民族武术文化、强健身体、锻炼意志品格而成立不久的格斗类新兴社团。社团秉承着"习武、习德"的思想精髓为广大格斗爱好者提供优良的场地和教学资源。散打社主要教授散打、女子防身术、MMA（综合格斗）等格斗方法，以散打的"踢、打、摔、拿"四大基本技法为根基，从而让社员的格斗技巧得到有效提升。社团成员曾在辽宁省高校武道大会上取得亚军和季军的优异成绩。

九、雏鹰武术社

雏鹰武术社的开设旨在培养学生高尚的武德、优良的作风和坚强的意志品质，注重培养学生组织能力、创新能力、吃苦耐劳的意志品质，以及团结互助的集体主义思想，促进学生身心全面发展，健康成长，为将来适应社会打下良好的基础。社团训练一般为一周两次，训练内容包括传统拳法、规定拳、武术基础套路、简单器械、规定剑法等。本社团有专业指导老师进行教授，拥有一些简单器械。本社团经常参加校内一些表演活动展示武术，在俄罗斯与营理交流活动中进行过展示表演。

十、乐途骑行社

乐途骑行社致力于将自行车活动建设成校园内一道亮丽的风景，社团本着"绿色、健康、奋进、挑战"的宗旨，结合大学生特点，通过校园服务、假期旅行、日常锻炼、参观游览等方式进行大学生素质拓展。

十一、背包客协会

"把道路装进背包"，背包客协会利用假期时间召集广大学生集体去各地的风景名胜区旅游。这一主题活动的宗旨是提高同学们对大自然的认识，增长人生的阅历，了解各地区的历史文化、人文特色。背包客协会是一个综合性的大型学生团体，是由学生自主组织，以锻炼社团成员户外能力，普及旅行知识，整合校园旅游信息与资源，活跃校园文化，促进高校旅行文化的繁荣与发展为宗旨的团体。把旅行的梦想变为现实，让大学的生活更加丰富多彩。

十二、V-Ba 排球社

V-Ba 排球社每年举办迎新杯和春季联赛两场大型比赛，在 2020 年也改革了比赛模式，给大家带来不一样的排球享受，排球社每年都被评为三星社团，是体育社团中的佼佼者。排球是一个老少皆宜、男女都可以玩的运动，具有很大的趣味性。

十三、弈乐会棋社

弈乐会棋社开展棋类教学、训练、比赛等活动，并通过社团活动实现全员参与教学、训练与比赛，以此来普及学院棋艺运动的全面发展，增加大脑活动，达到促进学生身心发展的体育活动组织。除了社团内部棋艺比赛活动，还有营口市春季围棋定位赛，既提高学生逻辑运用技能，又增进学生健康。

十四、极限 Sky 滑板社

极限 Sky 滑板社是一个挑战自我的社团，滑板运动不同于传统的运动项目，它不居于固定模式，滑手可以自由发挥想象力，以创造来运动，强调身心自由，推崇与自然相互融合的理念。滑板运动富有超越身心极限的自我挑战性、观赏刺激性、高科技渗透性。人在运动中完善人性，回归自然的本质重新被充分强调，在繁华都市潜藏着一股回归自然、融于自然、挑战自我的信念。

十五、聚星荷球社

聚星荷球社，成立于 2019 年 4 月，虽然是新社团，但是力量雄厚。现有国家级现役队员为指导教师,营口市荷球协会负责人亲临指导。目前是营口市唯一一支高校专业队。聚星荷球社欢迎任何年龄的男女参与,它可在室内或室外进行,不需要昂贵的装备哦。

十六、新星网球社

新星网球社建立于 2013 年,已经陪伴营理走过近五年光景。社团组织的活动活力四射,很好地体现出我们当代大学生朝气蓬勃、激情四射的青春力量。网球作为一种象征高雅、时尚的运动而风靡世界。它不仅是一项可以让你得到终身锻炼的运动,还是一种增进友谊的社交手段。因此,无论从运动本身的魅力还是对个人日后的发展,网球都不失为丰富大学生活的一个好的选择。

第三节 理论学习类社团

一、Big Mouth 英语社

Big Mouth 英语社,组建于 2009 年 11 月,社团开设了多项活动,其中晨读和观影是每周的常规活动,晨读会让我们学习到很多四级高频词汇,观影时间也会放映许多英文电影来提升我们的听力水平。在往年社团评比中,该社团还曾获得五星级社团的好评。如果你喜欢英语,如果你不想虚度学习英语的大好时光,欢迎加入 Big Mouth 英语社!

二、判析物理协会

判析物理协会是为了培养学生综合创新能力、开阔学生眼界,让学生在活动中学有所乐、学有所获、学有所用,提升学生综合素质的一个学生团体。并团结我校物理爱好者,为爱好者提供交流平台与研究学习的条件,提高我校学生的团队协作能力以及学习物理的积极性。

社团定期举办物理趣味性实验大赛，组织开展有关物理的讨论和调查研究，进行物理知识竞赛，举办营口理工学院物理创新设计大赛，招募物理爱好者，为参加省级或国家级物理大赛输送人才。

三、imath 数学之友协会

imath 数学之友协会（简称"数学社"）主要通过组织会员参与数学小组学习、探讨，组织各种数学讲座、考研数学讲座和举办各种数学学术经验交流会，倡议会员积极参与全国大学生数学竞赛和数学建模大赛，培养同学们的创新思维能力和逻辑思维能力，以提高学生的思维素质为目的，打造一个创新型的科研学术型协会。

第四节 社会实践与公益志愿服务类社团活动

一、巅峰创业协会

燃烧创业激情，磨炼创业才能，巅峰创业协会创业大赛能给参赛选手们一个展示自己的舞台，拟写创业策划书、展示创业项目、现场问答环节各个引人入胜，使人热血沸腾。在这里，怀揣创业梦想的人可以尽情地释放才华；在这里，心怀大志的人可以为未来创业之路做好铺垫。巅峰创业大赛，流程与评分规则和省级比赛一样，评委老师更是学校邀请的省内专家，创业大赛绝对能使你迈上大学的新台阶，领略大学创业的迷人风采，为那些有新锐的创业思想、优秀的创业思维、高效的执行能力的大学生提供一个挥洒创业激情，提升创业技能的平台！

二、青年志愿者协会

青年志愿者协会作为学院的一个乐于奉献的爱心组织，一直以

"奉献、友爱、互助、进步"为宗旨。品牌活动就是"情系孤儿村",在这里我们可以亲身感受到孤儿对爱的渴求,在这里我们可以看到孤儿对生活的热爱,在这里我们可以看到孤儿身上顽强的毅力。

三、环保社

环保社于2015年建立,以宣传、研究环保,倡导绿色生活,创造绿色人文,积极开展生动活泼、有教育性、公益性的活动为宗旨。设计了清洁家园、美化校园等多项活动。丰富校园课余生活,树立大学生的环境保护意识和强国利民的历史责任感。

第五节 专业学科类社团

一、Overstep 工作室

Overstep(超越)工作室是学院大力开展的大学生创新科技能力培养基地,这是一个由一批极具青春活力和创新精神的大学生组成的科技创新团队。他们积极向上,认真钻研,不断地进行创新和实践。自2013年10月初成立以来,已经为学校培养了四届优秀人才,招纳、培训了约200名学员。工作室旨在培养出班级的专业学习骨干,为各类电子大赛和机器人大赛储备人才,积极推动学院的科技氛围和创新氛围。

截止到2019年3月,共获得市级及市级以上奖项50余项,其中市级奖项17项、省级奖项25项、国家级奖项9项。在2015年"蓝桥杯大赛"中获得一项国家级优秀奖,在2016年"蓝桥杯大赛"中获得国家级三等奖1项,在"2016中国机器人大赛"中获得"2016中国机器人大赛——探险机器人一等奖",在"2017中国机器人大赛"中获得一等奖2项、二等奖1项、三等奖1项,在"2018中国机器人大赛"中获得一等奖 2 项的优异成绩。

二、机械创新工作室

机械创新工作室是为了培养学校大学生的创新实践能力、综合设计能力和团队协作能力而成立的一个专业综合性社团。于 2016 年成立至今，逐步发展成为涵盖机械部、电气部、秘书部、TRIZ 部等多个部门的完整社团。社团内部目前共有精通机械、材料、控制各个方面的专业指导教师 23 位，学生成员 64 名。

工作室大力培养大学生创新思维、机械设计和工艺制作等方面的能力，吸引、鼓励广大学生踊跃参加包括"互联网+"、挑战杯、机械设计在内的多项大学生课外学术科技作品竞赛。多次在国家级、省级、校级竞赛中取得优异成绩。在 2018—2019 学年中，工作室成员获得创新创业类奖项共计国家级 6 项、省级 11 项、校级 23 项。工作室在为学院发现和培养在科技创新方面有潜力、有作为的优秀人才方面做出了巨大贡献。

三、自动化创新工作室

自动化创新工作室创建于 2018 年 3 月，以培养"高素质、创新型、协作能力强"的专业人才为宗旨，是一个培养学生工程实践能力、创新精神、创业能力，集专业培训、学术交流、设计研发等于一体的学生科技创新活动平台。工作室现有指导教师 4 人、学员 30 人，拥有多种实验仪器及开发平台，支持学生进行培训、设计及创作等工作。自动化创新工作室以"西门子杯"中国智能挑战赛等大型赛事为实践创新的载体，以逻辑控制和过程控制的创新研发为中心，以提高学生的专业素养和专业实践能力为最终目的，形成了一个"学习、实践、创新"三者良性循环的教育系统。本着"兴趣是最好的老师"这一理念，自动化创新工作室将会以更加笃实的态度打造一个充满激情的大学生科技创新工作室。

四、烯炔人才创新社

烯炔人才创新社是一个可以帮助所有有科研梦的人实现梦想的社团，我们期待科研路上有你的陪伴，只要你对科研充满热爱、饱含激情，你就可以成为我们的伙伴。当然还有更多精彩课题等着大家来发现！我们愿意在这里和你一起走进科研，发现更多未知的可能，去探索更奇妙的世界！

社团目前在研项目有"可食用口红的研制""利用农业废弃物生物质处理水体重金属污染的研究""一种新型可替代硅藻泥的生态泥炭涂料及制备方法""一种快速检测重金属离子的试纸研制""西瓜皮中瓜氨酸的提取及晒后美白修复霜的配置""污水中重金属离子净化材料的制备""超低温化学反应装置的研制"。

五、科研卫境社

科研卫境社是为提升大学生科研素质而创立的专业类社团，宗旨是学习操作实验、研究环保资源；以大学生创新创业项目为载体，团队成员参与并获得辽宁省 TRIZ 杯多项大奖，也获得过校内"我爱发明"创新创意大赛三等奖。

六、炫点焊接社

炫点焊接社以专业的内容和活泼多样的形式，通过多层面组织引导学生活动，使学生掌握焊接技术与工程的专业知识，对所有对焊接技术感兴趣的同学，进行统一的培训、指导。在"严谨、务实、协作、创新"的精神指导下，提高广大社团成员动手实践能力和科技创新能力，丰富学生的课余生活。在学习中感受，在感受中成长，在成长中收获团队协作的能力和深厚的友谊。

七、金融科技学会

金融科技学会主要面向金融工程专业各级学生,一贯以来的宗旨是"立足课堂、面向社会、触摸未来"。通过本专业独一无二的专业优势,使学生了解国际最前沿的金融知识,充分发挥金融类学科紧跟时代潮流的特点,并且通过参加各种国内金融大赛融合自己的知识,完善学生的知识结构,使专业特色充分发挥,培养社会上层人才。与此同时,本学会尽全力支持金融学生向更高层的教育层次努力,在考取金融研究生方面进行随时指导和帮助,长此以往,必将会为社会提供一大批专业的金融人才。

八、物流工程学会

物流工程学会创立于 2018 年 9 月 14 日,致力于为各位同学创造一个良好的学习途径,社团可以教你学习各种物流软件的应用,只要你感兴趣的软件都可以跟我们说,我们会尽最大努力让你了解并学会应用。

九、物流管理学会

物流管理学会创立于 2018 年 9 月,致力于为各位同学搭建一个良好的学习平台,培养学生具有扎实的管理学、经济学和信息技术基础知识,较高的英语水平和计算机基础技能,具有在掌握工科基础知识的前提下,熟悉法规,掌握现代物流管理理论、信息系统的手段、方法,具备物流管理、规划、设计等较强实务运作能力,成为高级现代物流管理人才。

十、3D 建模社

3D 建模通俗来讲就是通过三维制作软件、通过虚拟三维空间构建出具有三维数据的模型。2018 年为了给热爱三维建模技术和擅长设计创新的学生提供一个学习交流的空间和展示自己的平台，3D建模社应运而生。社团自成立以来，定期对社团成员进行创新技能知识培训、三维建模知识指导教学以及组织各种创新学习交流活动，并积极组织社团成员参加校级、市级、省级、国家级创新设计、创新创业等比赛，获得国家级比赛奖项一次、省市级比赛荣誉多次，发表省级期刊论文数篇等。

十一、智能机器人社团

智能机器人社团是以探索为目的，带领同学们了解简单机器人的原理和编程，学习 arduino、芯片编译器和代码、图形化编译。指导学生参加学校的各类科技比赛，社团有理论性培训和实践培训，带领大家动手操作，提高同学们的动手能力。社团成员曾荣获辽宁省"挑战杯"二等奖2项、三等奖1项。

十二、材料学社

材料学社是全校热爱材料科学、资源循环科学的个人自愿组成的学生组织，学社秉承"团结创新、崇尚实践"的优良传统，以培养"高素质、创新型、协作能力强"的材料类专业人才为宗旨。以"全国大学生金相技能大赛""全国大学生微观结构摄影大赛""大学生材料热处理创新大赛"等赛事为实践创新的载体，将材料科学与资源循环科学理论同实际情况相结合，用心钻研，孜孜不倦，做改变世界的材料人。为所有喜欢材料、资源循环科学，热爱材料的营理学子提供接触、体验、钻研的平台。

十三、金工技能协会

金工技能协会成立于2019年，社团始终坚持"团结、进取、求实、创新"的宗旨，举办全校金工技能大赛，组织开展有关机械零件加工方法的学习和调查研究，协办校级工程训练综合能力竞赛，积极承担学校大学生创新创业项目所需机械零件的加工制作,招募金工技能爱好者,为参加省级或国家级大赛输送人才。

十四、软件设计创新工作室

软件设计创新工作室旨在为热爱软件开发的同学构造一个良好的平台,共同学习程序开发的语言,按照程序开发的流程,熟练掌握软件的设计与开发。让每一位同学都能根据算法设计软件,培育和指导同学们参加各类学科竞赛,帮助学生去开发出自己感兴趣的软件,增加实践能力。

十五、有机合成社团

该社团旨在加强学生们对化学知识的了解,提升化学知识素养,增加学生对日常生活化学的好奇心。有机合成社团是一个有热情、乐奉献、有组织、守纪律、善团结、重合作的集体。爱好化学的同学们,希望你们积极参加我们这个大集体,携手在化学之路上越走越远!

十六、耐辐射材料合成与制备研究社团

本社团主要研究新一代耐核辐射屏蔽材料 $Gd_2Al_2O_7/ZrO_2$（Y_2O_3）的制备及性能分析。重点研究 $Gd_2Al_2O_7$ 材料的制备以及添加氧化锆复合材料的力学性能,找出 $Gd_2Al_2O_7/ZrO_2$（Y_2O_3）粉体合成过程中的各种影响因素以及控制微观组织与性能关系的内在规律,为 $Gd_2Al_2O_7/ZrO_2$（Y_2O_3）抗辐射复合材料的应用提供相关的力学性能、制备工艺的科学数据。对改进强放射性废料固化材料的性能,推进我国核能废料处理、核电工业、核军事装备的发展将起到重要作用。

十七、热火无机社团

热火无机社团致力于学生对专业知识的全方位了解,让学生在

学习生活中对专业知识可以运用自如。本社团始终坚持"团结、进取、求实、创新"的宗旨。主要培养具备无机非金属材料科学基础理论与工程专业知识，能够从事无机非金属材料工业的项目规划、设计、生产加工、研究开发，具有较强的科学实验能力和计算机能力，素质优良，富有创新精神的高级工程技术专业人才。

十八、嵌入式及可视化开发创新实践工作室

嵌入式及可视化开发创新实践工作室是一个培养学生团队协作能力、研发能力、创新能力、自学能力、逻辑思维能力的学生活动平台。目前，主要指导教师有3名，其中有教授1名、讲师2名。研究方向：基于Android的嵌入式手机App开发、微信公众号的设计、大数据可视化技术研究、嵌入式信息化集成系统的安装与维护。

主要工作内容：专业竞赛准备与培训；训练学生开发基于Android的嵌入式手机App应用；训练学生熟悉嵌入式信息化系统或智能控制系统的集成；训练学生进行大数据可视化数据分析；开展计算机研发所需技术培训。

十九、剪影时光工作室

剪影时光工作室成立于2016年10月，把具有一定的计算机技术、视频处理技术、网页设计功底的，并且有创新思维的优秀人才集中在一起，为政府机关、企业、学校、社会团体、个人提供视频设计、制作和后期处理、微课制作等服务。社团宗旨是："为您量身定做一部只属于您自己的影片，并承诺剪好每一帧图画，帮助您留住每一瞬美好。"

二十、智能空间工作室

智能空间工作室成立于2017年10月，是一个以计算机图形图像处理为基础的智能科学工作室，它由一群对计算机人工智能技术

有着浓厚的兴趣爱好的大学生共同组成。工作室的主要研究方向是智能图像处理技术和人工智能领域的模式识别技术，将计算机技术、图像处理技术以及智能科学技术融合为一体，研究并优化当前比较先进的图像处理、图像压缩及模式识别算法。实验室的创办理念是为学生服务，让应用型营理的大学生在大学生活中培养科研习惯，提高动手能力，刻苦钻研，寓教于乐。

二十一、智能多媒体工作室

智能多媒体工作室成立于 2017 年 10 月，旨在培养学生们的创新思维、探索习惯和执行能力。实验室基于模式识别技术，以计算机语音处理、图形图像处理为基础，涉及人类感官、知觉、互动科技等创新领域，由一群对计算机智能多媒体技术有兴趣的大学生组成。现已成立的研究小组有纳米传感器、数字化行为、模块化媒体、社会化媒体、数字化艺术、情感计算机、认知科学与学习、听觉计算机等。

二十二、自动化工程设计工作室

自动化工程设计工作室成立于 2018 年 5 月，旨在培养学生的创新能力，为学生提供一个将理论知识和实践相结合的平台，为参加台达杯大赛储备人才。工作室活动内容：吸纳电气工程系自动化爱好者，开设"自动化生产线技术"选修课，通过和企业合作的横向课题，组织学生学习与自动控制理论相关的知识，锻炼学生的实践能力。开展校内竞赛选拔人才，参加省级及以上大赛。

工作室本着"从企业需求出发，提高学生的实践能力"的宗旨，致力于建立并完善培养学生自动化专业实践能力和创新意识的活动及体系。同时，培养学生以团队形式参加各类专业竞赛及大学生创新创业项目大赛，通过竞赛提高学生专业实践能力和团队协作能力，为学生后续专业课的学习打下坚实基础。

第六节　学生团体

一、国旗班

国旗班成立于 2014 年 11 月，于 12 月 9 日第一次在全校亮相。国旗班现已成为营口理工学院师生陶冶爱国主义情操、培养爱国主义情感的先锋队。国旗班是一个充满自信力的集体，这里有感情的凝聚，这份真情是国旗班宝贵的财富，是她不断前进的力量源泉！我们必将在大学发出耀眼的光芒，我们不怕火炼，尽管让暴风雨来得更猛烈些吧！国旗班誓词："我志愿加入国旗班，热爱祖国，爱护国旗，刻苦训练，吃苦耐劳，严谨务实，以军人作风要求自己。自觉遵守国旗班章程，坚决完成国旗班各项任务，以我火红青春谱写国旗礼赞，用生命热忱捍卫国旗尊严。"

二、礼仪队

礼仪队，是为学院组织的各类大型活动和重要会议出席礼仪，主要负责学校对内对外大小型活动的礼仪接待和颁奖工作，好的礼仪队体现了学校学生的良好形象，提高了学校的知名度，通过做礼仪工作，礼仪生也可以提升精神面貌，规范坐姿、站姿、走姿，更好地展现个人魅力，锻炼在社交礼仪中的应变能力和表达能力，从而提高自己的综合水平。全队上下训练时能够脚踏实地，刻苦认真，可以说我们很自豪，但更多的是感谢，感谢老师的培养和同学们的支持与帮助，同时我们礼仪队也会竭尽全力为校内外的各项活动提供更优质的服务。

三、讲解团

讲解团成立于 2014 年 6 月，每个讲解员具有良好的语言表达能力和主播主持的经验，与此同时还具有过硬的心理素质与临场应变能力。目前承担学校新生"魅力营口一日游"讲解工作和对外到访来宾讲解工作。为需求的听众提供细致周到的讲解服务。讲解团成员自始至终精彩的表现得到了学校领导和来宾的认可和赞赏。讲解团是一个有上进心、有责任心、敢于担当的集体。讲解员们积极参加学校各类活动，认真按时完成学校交给的任务，珍惜每一次讲解机会。

四、艺术团

艺术团是由艺术特长和热爱艺术的普通生共同组成的群众性艺术团体，是一支活跃于我院艺术舞台上的生力军。自成立以来，艺术团本着"丰富校园文化生活、提高学生艺术修养"的宗旨，以人为本，与时俱进，坚持弘扬时代主旋律，坚持对高雅音乐的追求和不同艺术门类的探索，深入开展各种类型的艺术活动，提高广大学生的艺术修养，培养学生对高雅艺术的兴趣和理解力。艺术团承担着学校各类重大演出、比赛、文艺交流和推广高雅艺术的任务，培养了一批优秀的艺术人才和文艺骨干，创建了良好的校园文化氛围，有力地带动了全校校园文化活动的开展，成为校园精神文明建设的一面旗帜。并通过其自身独有的风采和实力在成长和发展的历程中吸引了一批又一批有志的艺术爱好者，艺术团的队伍正不断壮大。

五、学生新闻媒体中心

学生新闻媒体中心是由学生于 2013 年创建的微信平台，由原营口理工学生微信平台更名而来。其主要采用以"宣传校园文化，传播正能量，服务营理学子"为宗旨的新媒体网络互动传播形式。营口理工学生微信平台自成立以来，凭借着其具有 24 小时、及时性、广泛性等服务特性，成为学校学习交流、发布信息的重要途径之一。

"以学生的角度写学校发生的事情"成为我们微信平台的一大特色。

六、舞蹈队

大学生艺术团舞蹈队成立于 2015 年 6 月，是学院多年来精心组建的一支学生舞蹈团队。舞蹈队以"舞动学院气氛、丰富课余生活"为宗旨，为大家提供一个展示自我的舞台。舞蹈的行为艺术是我们表达的方式，在汗水中提高，在不断训练中总结经验，一个努力、幸福、团结的集体给全校师生带来欣喜。

七、合唱团

合唱团成立于 2015 年 6 月，以"用歌声与心灵交流，与自然对话，与历史会晤"为宗旨，以培养一批具有较高音乐素质和思想素质的人才为目标，以追求卓越艺术，铸造精品团队为使命，活跃学院的文化氛围。合唱团成立定位于"艺术歌唱"，演唱曲目风格广泛，旨在反映广大青年学生积极进取、奋发向上的精神状态。曾参演营口市春节联欢晚会、营口市夏日激情广场演出等市、校各级大型文化活动。

第八篇　家规家法篇

"修德 悟道 致知 力行"

——营口理工学院校训

作善降之百祥，作不善降之百殃。勿以善小而不为，勿以恶小而为之。此四语，当终身服膺。

——《家训二十四条》

第二十六章　家规如是

第一节　什么是家规

俗话说无规矩不成方圆。做任何事情都要有规矩，懂规矩，守规矩。学校是由老师、工作人员、学生集合而成，校园活动是人的活动，如果没有一个规矩来约束，各行其是，校园就会陷入无秩序的混乱中。所以要建设和谐校园，既要大家自觉遵守社会公德，做到文明诚信，同时也要通过完善的校园制度，来规范我们的行为，只有把自律和他律结合起来，才能形成一种良好的校园风气。

恰同学少年初入营口理工学院，沐浴在滨城舒适的海风中，感受青春校园带来的蓬勃朝气，憧憬大学生活的美妙的同时，营口理工学院严明公正的"家规"也在严阵以待初入新生。我院"家规"是《营口理工学院学生违规违纪处理实施细则》《营口理工学院学生考试违纪作弊处理暂行办法》《营口理工学院学生宿舍安全管理办法》《营口理工学院课堂管理办法》等若干规章制度的集合。学校的校规校纪是我院依法享有的管理权力，是对学生偏离基本行为规范和教育目标的警示和纠正，是对学生的一种辅助教育形式。

本篇主要以《营口理工学院学生违规违纪处理实施细则》为依托向大家介绍我院家规。我院家规的制定秉持以促进学生成长、保证良好校园运转、维护学校权威的原则,结合学生实际情况,立足我院实际,确保所有同学平等公正地享受高等教育资源。《营口理工学院学生违规违纪处理实施细则》等规章制度是经过了多次全院规模的讨论,在充分征求学生合理诉求的基础上制定而成的。

第二节 家规的战斗力

家规的严肃性、公正性毋庸置疑,我院对违规违纪学生实施纪律处分的原则是程序规范、证据充分、依据明确、定性准确、处分适当。所以作为一名大学生,就应该对学校的各项规章制度存有敬畏之心,做到遵守、牢记。对违纪行为的处分包括警告、严重警告、记过、留校察看和开除学籍五种,下面列举面对不同违规行为时家规的战斗力。

一、警告、严重警告——战斗力★★☆☆☆

1. 课堂上严禁使用手机等通信工具,上课期间使用手机等通信工具的,一经发现给予警告处分;上课期间使用平板电脑、MP3、MP4、电子词典等电子产品玩游戏、看小说等行为的,视情节给予警告处分。

2. 不得违反考场纪律的行为有:不携带规定的有效证件参加考试;将通信工具带进考场未向监考人员申明;考试结束后继续答卷;交卷后又涂改答案;不按时交卷;把答卷或有字迹的草稿纸移向临座或竖起,故意造成他人偷看机会;擅自将试卷带出考场;考试中交头接耳说话。违反考场纪律被确认为考试违纪者,取消当次考试资格,并给予警告或严重警告处分。

3. 在宿舍内存有酒精炉、各种电热器(电炉、热得快、电热杯、电饭锅等),拥有者无法证明确实未曾使用的,给予警告处分;在宿舍内使用酒精炉或者学院明令禁止使用的各种电热器(电炉、热得快、电热杯、电饭锅等)的,给予严重警告处分。

二、记过、留校察看——战斗力★★★☆☆

1. 属于考试作弊的行为有：携带与考试内容相关的材料；考试中互打暗号、手势；在桌面、身体、允许使用的工具书等其他物品上写有与考试课程相关内容（不论看与否）；强拿他人试卷、草稿纸者（无论是否抄用）；接传答卷，传递与考试内容有关的纸条，或利用电子工具储存或传递与考试有关的信息；考试期间故意撕毁试卷或答卷；利用上厕所机会在考场外偷看有关考试课程的资料、或与他人交谈有关考试内容；考试后不交试卷并将试卷或答卷（含答题卡、答题纸）带出考场；根据试卷卷面答题雷同情况，经阅卷教师鉴定，并与学校有关部门共同确认属抄袭行为。凡考试作弊者，该门课程考试成绩无效。视情节给予记过、留校察看一年处分。

2. 偷窃公私财物者，数额较小的，视情节及认错态度，给予严重警告或记过处分。多次偷窃的，视情节给予留校察看或开除学籍处分。冒领他人存款、汇款（单）或邮件（单）者，视情节给予记过以上处分。

三、开除学籍——战斗力★★★★★

1. 学生不得寻衅滋事、打架斗殴，违者视情节给予相应纪律处分。虽未动手打人，但用言词或其他方式激化矛盾或引发事端，造成打架斗殴后果的，给予警告或严重警告处分。在打架现场带头起哄、摔物品等助长打架事态升级的，视情节给予记过以上处分。持械打人者或打伤他人者，或勾结校外人员参与打架者或群体打架事件的首要分子，视情节和造成的后果给予留校察看或开除学籍处分。开除学籍是非常严重的纪律处分！

2. 属于考试严重作弊的行为有：请人代考或代人参加考试；组织作弊者；涂改他人试卷姓名占为己有；窃取试卷或扩散试卷，给考试造成严重不良影响。凡考试严重作弊者，给予开除学籍处分。

3. 因违章用火、用电等引起火灾的，给予留校察看或开除学籍处分。

第三节 学长痛述血泪史

1. 一次高数考试，小 A 给小 B 传了一张小小的纸条，被监考老师当场发现。没收纸条，终止两人的考试，取消两人单科成绩并处以记过处分。

2. 小 C 很"聪明"，将物理公式写在考场桌子上并用证件覆盖，巡考老师抽查证件时发现证据，终止其考试，取消单科成绩并处以记过处分。

3. 小 D 代替小 E 参加考试，交卷时被监考老师发现，学校给予小 D、小 E 二人开除学籍处分。

4. 小 F 因为个人原因擅自离校三天，后经辅导员调查证实，给予警告处分。

5. 小 G 常说"打一架吧"，事实上他也经常这么做。因为一点小事把隔壁寝室同学打伤住院，后经辅导员调节，小 G 支付受伤同学一切费用，并处以记过处分。

6. 冬季，小 F 因为怕冷未到指定地点打水，私自在寝室里使用热得快，直接导致寝室跳闸。经宿舍管理员协调后寝室重新通电，学校给予小 F 严重警告处分。

7. 小 G 在寝室内吸烟后将烟头随意扔往阳台，四个小时后，阳台浓烟滚滚，在室友的帮忙下将浓烟熄灭，万幸没有造成任何损失。校安全保卫处和辅导员共同调查此事，对小 G 处以留校察看处分。

学长的现身说法，以真实的事件为新生敲响了警钟。编者也在此温馨提示，大学是教书育人的象牙塔，是张扬个性的殿堂，可大学不是任何人为所欲为的地方。在大学校园要学习的不仅是文化知识，更重要的是学会如何做人，如何做有责任、有自信、有诚信、有纪律、有理想、有道德的新时代大学生。

第二十七章　家规详单

第一节　法律法规——不可轻越的雷池

《营口理工学院学生违规违纪处理实施细则》规定：

第十四条　学生应当遵守宪法及宪法性法律；不得从事非法的社会、政治、宗教活动；不得泄露国家机密；不得有破坏安定团结、扰乱社会、我院秩序等言论和行为，触犯宪法及宪法性法律者给予开除学籍处分。

有下列情形者，视情节和造成后果的程度，给予处分。

1. 有反对或攻击宪法的言论、行为，经教育坚持不改的，给予开除学籍处分；经教育后对错误认识较好，并有真诚悔改或显著进步表现的，给予记过或留校察看处分。

2. 张贴、投递、散发大小字报、反动传单、非法宣传品的，给予记过直至开除学籍处分。

3. 违反有关法规，参与非法集会、游行、示威不听劝阻的，视情节给予严重警告直至开除学籍处分；非法集会、游行、示威的组织者，视情节给予留校察看或开除学籍处分。

4. 组织、参与、传播邪教或进行封建迷信活动以及在我院进行宗教活动的，视情节给予严重警告直至开除学籍处分；情节严重或主要组织者给予留校察看或开除学籍处分。

5. 有其他破坏社会秩序或者阻碍他人行使宪法规定的基本权利的行为，视情节给予严重警告直至开除学籍处分。

第十五条　学生应当遵守国家和地方性法律、法规，触犯刑法及刑事法律、法规者给予开除学籍处分。

有下列情形者,视情节和造成后果的程度,给予处分:

1. 涉嫌危害国家安全、泄露国家秘密的及违反学院保密规定,泄露有关机密的,视情节和造成后果的程度,给予记过直至开除学籍处分。

2. 捏造或者歪曲事实,故意散布谣言,涉嫌煽动学生扰乱我院、社会秩序的,视情节给予记过直至开除学籍处分。

3. 组织、成立、加入非法社会团体或组织,从事非法活动的,视情节轻重,给予严重警告直至开除学籍处分。

4. 在公共场所以各种借口带头喊叫、起哄者,或以焚烧、摔砸物品等形式挑起事端,致使事态扩大者,视其造成的后果和认错的态度,给予记过或留校察看处分;参与者给予严重警告直至开除学籍处分。

5. 伪造、涂改、盗用、转借各种证件或证明文件,造成不良影响或产生不良后果的,以及在调查处理违规违纪事件中故意提供假证或作伪证以及隐瞒不报的,视情节给予严重警告直至开除学籍处分。

6. 学生不得复制、传播淫秽物品;传播、复制、出租、出售淫秽书刊、画报、录像、录音、光盘等的,视情节给予留校察看或开除学籍处分。

7. 学生不得贩毒或者贩卖有类似毒品作用的药品、制剂,违者给予开除学籍处分。

8. 学生有唆使他人吸毒行为的,视情节给予留校察看或开除学籍处分,涉嫌刑事犯罪的给予开除学籍处分;参与毒品制售等活动的,给予开除学籍处分。

9. 学生不得卖淫或介绍、容留卖淫、嫖娼,违者给予留校察看或开除学籍处分,涉嫌刑事犯罪的,给予开除学籍处分。

10. 明知是犯罪嫌疑人仍留宿的,视情节给予留校察看或开除学籍处分,但根据刑法相关规定不予处罚的情形除外。

第十六条 学生不得有侵犯国家、集体或私人财物的行为，违者除追回赃款、赃物或赔偿损失外，有下列行为者，视其不同情况，给予相应纪律处分，涉嫌刑事犯罪者给予开除学籍处分。

1. 偷窃公私财物者，数额较大的，视情节及认错态度，给予记过直至开除学籍处分。

2. 多次偷窃的，视情节给予留校察看或开除学籍处分。

3. 冒领他人存款、汇款（单）或邮件（单）者，视情节给予记过直至开除学籍处分。

4. 拾捡他人有价证件、磁卡等后消费使用的，视情节给予严重警告直至开除学籍处分。

5. 偷窃公章、保密文件、档案等物品者，视情节给予留校察看直至开除学籍处分。

6. 骗取或敲诈勒索公私财物者，依情节、数额大小等，给予记过直至开除学籍处分。

7. 故意损坏公私财物的，除按价赔偿外，视情节和认错态度，给予警告直至开除学籍处分。

第十七条 学生不得购买、窝藏、销售赃物，有下列情形者，视情节和认错态度，分别给予相应纪律处分，涉嫌刑事犯罪者给予开除学籍处分。

1. 购买赃物，情节较轻的，给予警告或严重警告处分。

2. 购买赃物，情节较重的，给予记过直至开除学籍处分。

3. 为他人窝赃、销赃者，视情节给予记过直至开除学籍处分。

第十八条 学生不得参与任何形式的走私、贩私、非法经商、倒卖、传销等扰乱社会秩序活动，有下列情形者，视情节和认错态度，分别给予相应纪律处分，涉嫌刑事犯罪者给予开除学籍处分。

1. 走私、贩私的，视走私、贩私物品的性质和违规违纪情节，给予记过直至开除学籍处分。

2. 未经工商部门或学院有关部门批准的非法经商、非法倒卖的，视其性质及获利情况，给予警告直至留校察看处分。屡教不改者，给予开除学籍处分。

3. 参与传销的，视情节给予严重警告及以上处分；传销活动主要组织者，视情节给予留校察看或开除学籍处分。

4. 擅自倒卖或非法转让我院科技成果的，视情节和造成后果的程度，给予记过直至开除学籍处分。

第十九条 学生应当遵守国家行政法规、规章，主动维护社会秩序的稳定和安宁，有下列情形、行为者，视情节和造成后果的程度，给予处分。

1. 违反《中华人民共和国治安管理处罚法》，被处以行政拘留的，或虽触犯国家法律构成刑事犯罪，经刑事强制措施后，但免于刑事处罚的，给予开除学籍处分。

2. 违反《中华人民共和国治安管理处罚法》，被处以治安警告、罚款者，视情节轻重给予严重警告直至留校察看处分。

3. 虽违反《中华人民共和国治安管理处罚法》，但接受公安机关等有关部门调解，未被处罚的，视情节轻重给予严重警告或记过处分。

4. 学生有违反其他国家行政法规、规章，受到行政处罚的，视情节和情况给予严重警告直至开除学籍处分。

第二节 社会秩序——平等虔诚的敬畏

第二十条 学生不得有侵犯他人人身、财产权利的行为，违者视情节及认错态度，给予相应纪律处分。

1. 隐匿、毁弃或私拆他人信件、邮件的，给予警告或严重警告处分；情节严重的，给予记过直至开除学籍处分。

2. 写恐吓信、打骚扰电话或者用其他方法威胁他人安全或者干扰他人正常学习、生活的，视情节给予严重警告直至开除学籍处分。

3. 侮辱、谩骂他人或者捏造事实诽谤他人的，视情节给予严重警告直至开除学籍处分。

4. 无故殴打他人的，视情节和造成的损失或者伤害程度，给予记过直至开除学籍处分。学生寻衅滋事、打架斗殴者，有下列情形、行为者，视情节给予相应纪律处分。

（1）虽未动手打人，但用言词或其他方式激化矛盾或引发事端，造成打架斗殴后果的，给予警告或严重警告处分。

（2）动手打人者，视情节和后果给予严重警告直至开除学籍处分。

（3）进入他人宿舍寻衅滋事、殴打他人的，或强迫他人离开宿舍并进行殴打的，视情节和造成的损失或伤害程度，给予记过直至开除学籍处分。

（4）在打架现场带头起哄、摔物品等助长打架事态升级的，视情节给予记过直至开除学籍处分。

（5）持械打人者或打伤他人者，视情节和后果给予记过直至开除学籍处分。

（6）引发打架事端并先动手打人者以及策划、怂恿他人打架者，视情节给予记过直至开除学籍处分。

（7）勾结校外人员参与打架者或群体打架事件的首要分子，视情节和造成的后果给予留校察看或开除学籍处分。

（8）在调查处理打架事件中，故意作假证者，给予严重警告或记过处分；兼有参与打架者加重处分。

（9）酗酒并寻衅滋事的，按相应条款加重一级处分。

5. 学生偷窃公私财物，数额较小的，视情节及认错态度，给予严重警告或记过处分。

6. 有其他侵犯人身权利、财产权利行为的，视情节及结果给予严重警告处分。

7. 以上本条所述行为涉嫌刑事犯罪或者按照相关法律、法规受到行政拘留处罚的,给予开除学籍处分。

第二十一条 学生不得有妨害社会公共安全与秩序的行为,违者视情节和认错态度,给予相应纪律处分,情节严重违反治安管理相关规定受行政拘留处罚的,给予开除学籍处分。

1. 携带或在宿舍内存放匕首、三棱刀、弹簧刀等管制刀具的,视情节给予记过直至开除学籍处分。

2. 在宿舍存放易燃、易爆品或者其他危险物品的,视情节给予记过直至开除学籍处分。

3. 在参加各类大型活动中,不听从指挥,有起哄、打口哨等故意影响安全的行为,经劝阻仍不改正的,视情节给予严重警告或记过处分;故意制造混乱或挑起事端的,视情节给予记过直至开除学籍处分。

4. 学生不得有吸毒行为,违者给予开除学籍处分。

5. 学生不得有嫖娼行为,违者给予开除学籍处分。

6. 有其他扰乱我院教育、教学、生活秩序,破坏学校稳定行为的,视情节给予严重警告直至开除学籍处分。

第二十二条 学生上网应当遵守国家《计算机信息网络国际联网安全保护管理办法》《互联网信息服务管理办法》的规定,违者视情节给予相应纪律处分,涉嫌刑事犯罪或者按照相关法律、法规受到行政拘留处罚的,给予开除学籍处分。

1. 利用国际互联网、校园网制作、复制、查阅和传播非法、有害信息的,视情节给予警告直至开除学籍处分。

2. 从事危害计算机信息网络安全活动的,视情节给予记过直至开除学籍处分。

第三节 课堂宿舍——决定成败的坚持

第二十三条 学生必须遵守学院消防、用电、用火管理规定,违者，视情节给予相应纪律处分。

1. 在宿舍内存有酒精炉、各种电热器（电炉、热得快、电热杯、电饭锅等），拥有者无法证明确实未曾使用的，给予警告处分。

2. 在宿舍内使用酒精炉或者我院明令禁止使用的各种电热器（电炉、热得快、电热杯、电饭锅等）的，给予严重警告处分。

3. 私自改动或破坏学院电器装备、电源线、电话线、广播线、网线等公共设施的，视情节给予严重警告直至开除学籍处分。

4. 损坏消火栓等消防设施和消防器材的，视情节给予记过直至开除学籍处分。

5. 因违章用火、用电等引起火灾的，给予留校察看或开除学籍处分。

6. 学生有本条上述行为造成严重后果，涉嫌刑事犯罪或者根据相关法律、法规受到行政拘留处罚的，给予开除学籍处分。

第二十四条 学生应当遵守大学生行为规范，遵守公共道德，不得有损害大学生形象的行为，违者，视情节给予相应纪律处分。

1. 组织或带头罢课、罢餐等，扰乱正常教学、生活秩序的，视情节给予留校察看或开除学籍处分。

2. 学生不准在宿舍、教室等场所饮酒，更不能酗酒，违者，视情节给予警告或严重警告处分；酗酒后有其他违规违纪行为应受纪律处分的，按相应条款加重一级处分。

3. 使用望远镜等工具或其他手段窥视他人隐私行为的，以及传播、散布别人隐私的，给予警告或严重警告处分，情节严重、影响恶劣的，给予记过直至开除学籍处分。

4. 有滋扰、猥亵异性等流氓行为的，视情节给予记过直至开除学籍处分。

5. 学生不得收听、收看淫秽物品。涂写、勾画淫秽文字、图像者，视情节给予警告、严重警告或记过处分；观看淫秽书刊、画报的；收看或收听淫秽录像、录音及其他淫秽音像制品的，视情节给予严重警告或记过处分。

6. 与外国人不正当交往，有损国格、校誉的，视情节给予记过直至开除学籍处分。

7. 踩踏草坪，摘、折花卉、树枝，不听劝阻的以及破坏草坪、花卉、树木的，视情节给予警告、严重警告或记过处分。

8. 在建筑物、课桌等公物上乱涂、乱写、乱画的，视情节给予警告、严重警告或记过处分。

9. 使用音响器材，音量过大，影响他人正常学习或者休息，不听劝阻的，视情节给予警告或严重警告处分。

10. 在公共场所乱扔垃圾、随地吐痰，以及在教学楼、宿舍楼、图书馆等公共场所内吸烟、打闹、喧哗或有其他妨碍学习、生活秩序的不文明行为，经教育不改或行为严重的，视情节给予警告或严重警告处分。

11. 在校园内公共场所与异性交往中有不文明行为，经教育不改的，给予警告处分。

12. 有其他违反道德规范和大学生行为准则的不文明行为的，视情节给予警告以上处分。

13. 学生有本条上述行为，涉嫌刑事犯罪或者违反《中华人民共和国治安管理处罚法》的，按照第十九条规定处理。

第二十五条　学生应当遵守我院的各项规章制度，不得有影响学院教育、教学秩序和生活秩序行为，违者根据不同情况分别给予相应纪律处分。

1. 扰乱教室、自习室、宿舍管理秩序，影响他人正常学习、休息，行为严重或经教育仍不改正的，视情节给予警告或严重警告处分。

2. 未经学院批准，擅自夜不归宿或私自在宿舍留宿同性外来人员的，视情节给予警告、严重警告或记过处分。

3. 在宿舍留宿异性或在异性宿舍留宿的，视情节给予留校察看或开除学籍处分。

4. 未经批准私自调换宿舍或床位，经教育仍不改正的，给予警告或严重警告处分；私占、出借、出租床位的，视情节给予严重警告或记过处分。

5. 造成宿舍环境卫生较差的当事人，经教育仍不整改的，给予警告或严重警告处分。

6. 违反学院规定的作息时间，经教育不改正的，给予警告以上处分；

7. 未经请假，一学期内累计旷课达10学时或擅自离校连续两天未参加学院规定的教学活动的，给予警告处分；一学期内累积旷课达20学时或擅自离校连续四天未参加学院规定的教学活动的，给予严重警告处分；一学期内累计旷课达30学时或擅自离校连续一周未参加学院规定的教学活动的，给予记过处分；一学期内累计旷课达40学时或擅自离校连续10天未参加学院规定的教学活动的，给予留校察看处分；一学期内累计旷课达50学时以上或擅自离校连续两周未参加学院规定的教学活动的，根据《营口理工学院本科学生学籍管理规定》，作劝退处理。屡教不改者或退学后拒不离校的，给予开除学籍处分。

8. 在教学实验、实习期间，违反操作规程，不听从指导教师或工人师傅劝阻的，给予警告处分；造成事故的，视情节给予严重警告直至开除学籍处分。

9. 阻碍、拒绝学院管理人员依法、依规执行公务或拒不服从教育管理的，视情节给予警告或严重警告处分；对执行公务的我院管理人员有谩骂、推搡行为的给予记过以上处分；使用暴力殴打学院管理人员的，视情节给予留校察看或开除学籍处分。

10. 扰乱课堂教学、实验、考试等秩序的，视情节给予严重警告或记过处分；有辱骂甚至殴打教师或学院工作人员行为的，以及其他严重干扰正常课堂教学、实验、考试等秩序的，视情节给予留校察看或开除学籍处分。

11．课堂上严禁使用手机等通信工具，上课期间使用手机等通信工具的，一经发现给予警告处分；上课期间使用平板电脑、MP3、MP4、电子词典等电子产品玩游戏、看小说等行为的，视情节给予警告处分。

12．学生有本条上述行为，涉嫌刑事犯罪或者违反《中华人民共和国治安管理处罚法》的，按照第十九条规定处理。

第二十六条　学生在考试（含考查、测验）时不得违规违纪或作弊，违者，视情节给予警告以上直至开除学籍处分，另制定处理细则。

第二十八章 有请家法

第一节 评奖评优说再见

就高校而言，评奖评优工作对于广大学生积极向上、立志成才、勤奋学习、全面发展起着重要的引导和激励作用，对学生的健康成长发挥着积极而深远的影响。是高校学生教育管理工作中的一项重要任务并成为对大学生进行思想政治教育必不可少的操作手段。就个人而言，学生能够拥有进取心，努力学习，全面发展，树立正确的价值观。同时奖评能够让个人的简历留下光彩的一笔，为进入社会打下坚实的基础。

学院的评奖评优的种类分为国家（政府）奖学金、国家励志奖学金、优秀学生奖学金、单项奖学金、校外奖学金、社会工作骨干奖学金、先进班级、先进团支部、社会实践先进集体、文明寝室、优良学风寝室、三好学生标兵、三好学生、优秀学生干部、优秀毕业生、优秀共青团员标兵、优秀共青团员、优秀共青团干部、共青团积极分子等。奖励方式为口头表扬、通报表扬、授予荣耀称号并颁发荣耀证书、奖金、奖品等。获得学校以上表彰奖励的材料装入本人档案。

请各位同学摆正心态对待评奖评优，不要一时荒唐错失本该属于你的荣誉，更不应该以评奖评优作为在同学中炫耀的资本，作为一名优秀的大学生请树立正确的价值观。

受到纪律处分的学生，将受到下列处理：

1. 取消当学年参加奖学金、助学金评选资格。

2. 取消当学年参加评优资格。
3. 担任学生干部的,免去职务。

第二节　学生干部无缘选

当学生干部有益于学习锻炼,提高自己。应该倍加珍惜这种机遇,努力当好学生干部,在学生时代留下值得一生自豪的闪光点。当学生干部应该努力起好五个作用。第一,带头作用。学生干部是同学中的骨干和带头人,理所应当严于律己,以身作则,成为同学学习效仿的榜样,学校和老师要求做到的,自己首先要做到,校规校纪严格禁止的,自己坚决不做,要在学习、劳动、纪律、活动等方面都成为模范,做得比别人好,令人敬佩。第二,助手作用。学生干部是学校领导和班主任的得力助手,学校的许多工作,班级的事务,都需要学生干部配合去做。学生干部应该明确自己的职责,增强责任感,敢管事,热心集体事务。第三,桥梁作用。学生干部是沟通同学和教师的桥梁。教学要收到良好的成效,需要师生经常交流思想情感。需要互相理解、配合,这就要求学生干部在同学中经常宣传、疏导,将学校和教师的要求内化成身边同学的自觉行动;将学生的想法、意见、实情反映给教师,及时化解和消除师生之间的矛盾,使教师与学生之间关系协调、情感通融。第四,凝聚作用。一个学生干部,就是一面旗帜,学生干部是学生中的核心,应该有感召力、影响力、向心力。要主动团结同学,帮助后进,养成良好的品格,言行一致,举止端正,用自己的人格力量来影响、感染周围的同学,使同学们心往一处想,劲往一处使,热爱班集体,营建良好的班风。这样,才能发挥凝聚作用。第五,服务作用。身为学生干部就要有为同学服务、为大家服务的责任。就要增强服务意识,树立以服务为荣的思想,有吃苦耐劳精神,急同学之所急,帮同学之所需。时时为大家着想,力所能及地为同学排忧解难,满腔热情地为班集体服务。

《营口理工学院学生干部选举办法》第六条规定了学生干部候选人资格条件：遵守国家法律法规，遵守学校的各项规章制度，无违法违纪现象。第七条规定，如有违反国家法律法规、校纪校规受到警告（含）以上处分者，解除其学生干部职务；每学期初考核学生干部学习成绩，考核不合格者，解除其学生干部职务。《营口理工学院学生违规违纪处理实施细则》第十三条规定，受到纪律处分的学生，同时受到下列处理：担任学生干部的，免去职务；党、团组织可依据党、团组织的规章制度做出相应的党、团纪律处分。

第三节　同学威信跌谷底

"威信"一词，语出《史记·李斯列传》："兼行田常、子罕之逆道而劫陛下之威信，其志若韩玘为韩安相也。"威信是一个人立足于社会之本，是一个人在社会里名誉和声望的总结和概括，对同学们在大学里的发展至关重要。我院的纪律处分包括警告、严重警告、记过、留校察看、开除学籍。其中一旦有记过、留校察看、开除学籍处分，毕业前如果不能消除处分，就不能拿到学位证，所以大家要知道学位证对于自己的意义，千万不要苦读四年，落得没有学位证的下场。

一旦同学出现违纪行为，不仅会受到严肃处理，还会被记录在学生个人档案，教学楼里的大屏幕还有信息宣传栏也会公示出电子版和纸质版的该同学违纪行为与相应处罚，过路的同学还有老师都会驻足观看，该同学在同学和老师们心目中的形象也会受到影响，并且所有的评优评先、入党入团、奖学金助学金统统和自己无缘，自己的大学生涯索然无味，从此画上了黑暗的一笔。因此，为了自己的威信与形象，希望同学们不要以身试法，轻易触碰校规底线，否则不仅会把违纪记录上传到个人信息档案，还会影响到自己的工作学习生活，严重者开除学籍，离开学校。在此之前，学院已有先例，希望这种情况不要再在同学们身上重现。来到大学的目的是好好学习，积极锻炼，提高自己的各方面能力，所以希望同学们能够认真充实地度过大学的每一天，好好利用每一分钟，不要白费了自己寒窗苦读的十二年，学好知识，将来回馈社会，报效自己的家乡。

第四节　档案污点伴一生

档案是学生毕业前家庭情况、学习成绩、政治思想表现、身体状况等情况的文字记载材料，是学生在校期间学习和生活情况的真实的历史记载。毕业生的人事档案是用人单位选拔、聘用毕业生的重要依据。用人单位往往根据毕业生人事档案中反映的德、能、才以及专业特长，将其安排到适当的工作岗位上。当然，大家来到营口理工学院，档案都是一张干净的白纸，如何书写你的档案，对于四年后的你找到一份好工作至关重要。档案是我们的第二张身份证，不管是在学校还是毕业以后在工作单位，档案都会伴随我们一生，跟随我们左右。档案能确定我们的个人身份、家庭出身、社会关系、学习经历、工作过程等历史资料，是我们日后毕业转正定级、评定职称、转入体制内就业等最有力的依据。因此，一张干净没有污点的档案既是对我们四年大学生活的质量的肯定，又是毕业后找一份好工作的保障。

在营口理工学院，对违纪学生的处理，视其违纪情节及认错态度，给予相应的处分。没有撤销处分和没有解除留校察看处分，受开除学籍处分的学生，处分将一并写入电子档案。对学生实施的各项纪律处分，是学生在校期间某个方面的历史记载，真实地存入学校文书档案和个人人事档案，其中处分决定书、处分登记表、陈述与申辩登记表、学生申诉复查结论及有关证据材料等归入学校文书档案；同时将处分决定书、处分登记表等存入学生本人人事档案。

一旦我们的档案有了污点，我们的人生也因此有了污点。好比一杯香浓可口的咖啡里出现一只苍蝇，再美味，人们也不会花时间去品尝。也许，你就是因此而失去一份心仪的好工作，或者错失一段美好的爱情，一切有福利的东西都可能与你失之交臂。因此，把握好自己，规范自己的行为，书写一份好档案很重要。时光荏苒，如流水匆匆般逝去。大学四年很快就会过去，留下的是一张张白纸黑字的镌刻，那里记录着我们的一言一行，决定着我们是笑着迎接未来，还是哭诉悲叹后悔遗憾。决定我们未来的只有我们自己，如何谱写我们人生的乐章也只在于我们的行动。因此，大学四年我们除了要努力刻苦学习，获得一些奖状和证书来装饰、充实我们的档案以外，我们还要严格地规范自己，自觉遵守国家法律法规和学校校纪校规，不在档案中留下污点，也不在人生中留下后悔与遗憾。

第二十九章 避规神器

第一节 三观正心头

　　大学生在当今的时代里需要面对许许多多的人和事，虽然我们都已经成年了，但是我们的阅历和人生经验还是不足，在面对很多事情的时候会变得迷茫，甚至不知所措，因此，我们应该培养正确的三观，它能够对我们未来人生的发展方向进行指点。"三观"对于一个人的发展是至关重要的。"三观"即世界观、人生观、价值观。世界观，也叫宇宙观，是人们对整个世界的总的看法和根本观点；人生观，是指对人生的看法，也就是对于人类生存的目的、价值和意义的看法；价值观，是指人们在认识各种具体事物的价值的基础上，形成的对事物价值的总的看法和根本观点。

　　对于个人而言，"三观"有一个形成过程，它是随着成长环境、学识阅历和生活经验的积累而逐步确立起来的。在大学当中，我们的"三观"会指引我们的为人处事、工作学习方式，同时大学生涯是我们正确树立"三观"的重要时期，因此，我们要注重自己的行为，要从点滴做起，从遵守校规校纪做起。大学的生活是多姿多彩的，我们的思想也是多姿多彩的，大学可以说是我们人生另一个意义上的起点，我们对于过去有很多的迷茫，但对于未来又充满了憧憬与希望。"三观"之于我们是基础，是让我们可以坚定地走下去的基础，只有打好这个基础，我们才可以踏出更坚定的步伐，走出更好的一条路。祝福所有人，愿所有在迷茫中走过的人们都能够确立好自己的"三观",走出属于自己的美好的未来。

第二节 慎独则心安

"慎独"一词出于《礼记·中庸》:"天命之谓性,率性之谓道,修道之谓教。道也者,不可须臾离也,可离非道也。是故君子戒慎乎其所不睹,恐惧乎其所不闻。莫见乎隐,莫显乎微。故君子慎其独也。""慎"就是小心谨慎、随时戒备;"独"就是独处,独自行事。其大致意思是说:做人的道德原则是一时一刻也不能离开的。曾国藩的四条遗嘱:"慎独则心安,主敬则身强,求仁则人悦,习劳则神。""慎独",即是自律,是儒家贤士的至高道德标准,具体指在无人监督的情况下能模范地遵守道德规范,做到言行一致,人前人后都是君子。

一个人独处的时候因为没有别人监管,所以往往能够做出有他人在的时候无法做出的举动。如果一而再再而三地这样做,一个人就可能出现品德问题,人不可能长期地分裂自己,因此,独处时候的堕落会带来公众面前的堕落。所以,慎独是每一个希望高尚的人所做的功课。作为一名大学生,我们生活在集体当中,与同学还有老师的沟通接触,都需要我们做到自律。一个人的品行,不是靠在他人面前的伪装,而是在人后真正地拥有高尚的品格,这样的人,才会受到大家的赏识。

第三节 学业记心间

每个人都怀着一颗憧憬的心来到大学。大学的生活有丰富多彩,也有平淡无光。在这里有失落时朋友的帮助和关怀,有让人欢欣鼓舞的友情爱情,可这里更是一片知识的海洋。那么,在丰富的大学生活面前,你是否忘了充实自己的大脑?你是否忘了学习?

在大学多实行学分制管理。学分制,是指以学生取得的学分数作为衡量和计算学生学习量的基本单位,以取得最低毕业总学分作为学生毕业的主要标准的教学管理制度。在营口理工学院,为满足学生的自主学习需要,学校允许学生在三至六年的时间内毕业。学院明确规定:学生应修的课程未取得学分累计达30学分(含30学分)以上40学分以下者,予以降级处理,第二次达到降级处理的学生,予以直接退学;学生应修的课程未取得学分累计达40学分(含40学分)以上者,予以退学;这意味着如果你没有在应修的课程取得足够的学分,那么你将面临被降级的危险!而如果你不幸被降级两次,那么就不得不跟营口理工学院说再见了。我们再来说说挂科,如果你不幸没有通过某一学科的期末测评,学校给予的处理是:取消当学年参加奖学金、助学金评选资格;取消当学年参加评优资格;担任学生干部的,免去职务;而且要面临补考的压力,复习挂科科目的课程,很多知识点在课堂上一瞬即逝很难复习。还有一些学长学姐因为挂科不能毕业,同学们千万要引以为戒!所以说在大学挂科,是一件很恐怖的事情。

学校建立了一套这么严格的规章考核制度,目的就是要强调大学生的学习。还是学生的我们,就应该以学习为本,把学习放在首位。在很多人眼里,进入大学之后学习就没有那么重要了。那么看完学校关于退学和挂科的处罚制度之后,你是否意识到了学习的重要性?如何学习是个老生常谈的话题。为什么学习,怎样学习,是我们必须认清和解决的问题。知识像海洋那样辽阔浩瀚。一个人无论天资多高,精力多么充沛,毅力多么顽强,也不可能把所有知识都学会。知识时常需要更新,随着时间的流逝,知识又可能遗忘,但获取知识的方法不会被丢失,学习方法并不是什么捷径,它只是踏踏实实、刻苦学习的程序以及在这个学习过程中的各项具体措施。大学时光是人生中最璀璨的年华,虽然只有短暂的四年,却是人生当中最为关键的黄金时期。在这美好而闪亮的岁月里,最有意义的收获不是毕业后的一纸文凭,而是学习和成长。愿营口理工学院的新生们都能以无比的热忱、朴实刚毅的精神和脚踏实地的努力去迎接充满挑战的人生!

第四节　知错能改善莫大焉

"人孰无过？过而能改,善莫大焉。"古人曾经说过这样一句话,抛开这句话的哲理性,这句话无非告诉我们知错能改是很难得的,但是我们仔细想想,既然古人说过这句话,那就说明古人也没少犯错误。所以同学们不必为了犯错而苦恼,因为我们还有机会改正错误,如果你改正了错误,那就说明你比那些不犯错误的人还要强大,因为你们战胜了一个最强大的敌人,那就是自己。营口理工学院针对违纪学生中存在部分学生可能是无心犯错或者虽然犯错但是自己已经能够深刻认识到自己的错误,并通过自身的努力持续很长一段时间表现都非常优异的学生,给予他们提前解除处分的机会。

【知错就改,知错能改】

申请解除处分应按以下程序办理:

1. 受处分学生提出解除处分的书面申请。

2. 受处分学生所在学院组织民主评议,提出是否解除处分的建议,并将解除处分申请书、解除处分申请表、民主评议材料报学生处。

3. 学生处做出是否解除处分的决定,将解除处分决定书和《解除处分决定送达书》送达学生。

学生解除处分后,处分材料和解除处分材料存入学校文书档案和本人档案。

【知错不改，后果可畏】

1. 如果本校生受到留校察看处分，并且在校就读满四年后未能成功撤销留校察看处分，则不予毕业。

2. 如果本校生受到留校察看处分，并在观察期间无改过之意则可按照学校的学籍管理规定中劝退管理的有关规定对其进行劝退，造成重大影响者学校将会直接将其档案和户口退回其家庭户口所在地。

3. 如果学生未能撤销留校察看处分，若态度不端正或再获得处分，则没有资格申请撤销处分。

【错上加错，严惩不贷】

1. 违反校规校纪者，有下列情形之一的，应从重或加重处分。

（1）违纪后认错态度不好的。

（2）曾受过纪律处分，再次违纪的。

（3）勾结校外人员违纪的。

（4）群体违纪的首要分子。

（5）同时有多种违纪行为。

（6）其他应从重、加重处分的情形。

2. 受到两次纪律处分后，第三次违纪应受处分的，视情节给予留校察看或开除学籍的处分。

3. 在留校察看期间又有违纪行为应受纪律处分的，给予开除学籍处分。

总之，学校的家规并不是为了惩罚或者为难同学们，校规校纪存在的意义是为了帮助同学们及时发现错误，并且改正错误，以免酿成大祸，每一个犯错的学生在尝到惩罚的苦果之前都没预料到自己会犯错，这一节并不是鼓励同学们犯错误然后改正，人当然不犯错是最好的。但是如果犯错后大家还是应该铭记以上准则，希望大家及时认识到自己的错误并且及时改正，共创一个和谐友爱互助的"家园"。

第九篇 奖优助困篇

9月开学季,又一拨新同学陆续步入校园,同学们也忙着接触新校园、新老师和新同学。那么,关于学校的各类奖助学金你知道多少呢?家庭困难的同学可以借助它完成学业,成绩优秀的学生可以用它为自己的努力加码。这一篇里编者给大家汇总并解析了营口理工学院各类奖助学金评比规则,助大家明确目标、争当学霸。

学习刻苦、成绩优秀的你,鼓起勇气、挽起袖子准备在校园大干一番的你,看过来!看过来!!看过来!!!

第三十章 政策简介

教育公平是社会公平的重要基础,促进教育公平是国家的基本教育政策。党和国家高度重视家庭经济困难学生的上学问题,近些年中央有关部门进一步完善相关资助政策措施,在本专科生教育阶段已建立起包括国家奖助学金、国家助学贷款、学费补偿、贷款代偿、校内奖助学金、勤工助学、困难补助、学费减免、"绿色通道"等多种方式多种渠道的资助体系。

一、新生入学资助项目

中西部生源的家庭经济困难新生可申请入学资助项目,解决入校报到的交通费和入学后短期生活费。就读本省院校的新生每人500元,就读省外院校的新生每人1 000元。学生可向当地县级教育部门咨询办理。

中西部地区包括河北省、山西省、内蒙古自治区、吉林省、黑龙江省、安徽省、江西省、河南省、湖北省、湖南省、广西壮族自治区、海南省、重庆市、四川省、贵州省、云南省、西藏自治区、陕西省、甘肃省、宁夏回族自治区、青海省、新疆维吾尔自治区、新疆生产建设兵团。

二、国家助学贷款

家庭经济困难学生可申请办理国家助学贷款,解决学费与住宿费,每人每年最高不超过 8 000 元,在校期间利息由国家承担,还款期限原则上按学制加 13 年确定,最长不超过 20 年。国家助学贷款包括生源地信用助学贷款与校园地国家助学贷款,家庭经济困难学生可向户籍所在县(市、区)的学生资助管理机构咨询办理生源地信用助学贷款,或向高校学生资助部门咨询办理校园地国家助学贷款。

三、国家助学金

家庭经济困难学生入学后可申请国家助学金,解决在校学习期间的生活费,平均每人每年 3 300 元。学生持《家庭经济困难学生认定申请表》于每年 9 月向高校提出申请,高校每学年评定一次。

四、国家(省政府)奖学金

用于奖励在校期间特别优秀的学生。从二年级起,在校学生可申请获得国家(省政府)奖学金,获奖者每人奖励 8 000 元。颁发国家统一印制的荣誉证书,并记入学生的学籍档案。

五、国家励志奖学金

用于奖励在校期间品学兼优的家庭经济困难学生。从二年级起,在校学生可申请获得国家励志奖学金,获奖者每人奖励 5 000 元。颁发国家统一印制的荣誉证书,并记入学生的学籍档案。

六、勤工助学

学生在学有余力的前提下,可以利用课余时间参加高校组织的勤工助学活动，通过劳动取得合法报酬，改善学习和生活条件等。

七、师范生公费教育

北京师范大学、华东师范大学、东北师范大学、华中师范大学、陕西师范大学和西南大学六所教育部直属师范大学的公费师范生，在校期间不用缴纳学费、住宿费，还可获得生活费补助。有志从教并符合条件的非师范专业优秀学生，在入学两年内，可按规定转入师范专业，高校返还学费、住宿费，补发生活费补助。其他高校师范类专业学生可向所在院校咨询相关政策。

八、退役士兵教育资助

退役一年以上的自主就业退役士兵，在考入全日制普通高校后，可向高校申请学费资助。每人每年不超过8 000元。

九、基层就业学费补偿贷款代偿

中央部属高校应届毕业生，自愿到中西部或艰苦边远地区基层单位就业，服务期达到3年及3年以上的，可获得学费补偿或国家助学贷款代偿，每人每年不超过8 000元，分三年补偿或代偿完毕。地方高校应届毕业生可向所在院校咨询相关政策。

十、应征入伍服义务兵役国家资助

应征入伍服义务兵役的高校学生可获得国家资助。国家补偿学生在校期间缴纳的学费，或代偿国家助学贷款；在读学生（含新生）服役期间，保留学籍（或入学资格）退役后如自愿复学（或入学），可获学费减免。标准为每人每年不超过8 000元。

十一、直招士官国家资助

直接招收为士官的高校学生可获得国家资助。国家补偿学生在校期间缴纳的学费或代偿国家助学贷款,每人每年不超过 8 000 元。

十二、其他资助政策与措施

1. "绿色通道"。家庭经济特别困难的新生如暂时筹集不齐学费和住宿费,可在开学报到期间,通过高校开设的"绿色通道"先办理入学手续。入学后,高校资助部门根据学生具体情况开展困难认定,采取不同措施给予资助。

2. 学费减免。公办高校中家庭经济特别困难、无法缴纳学费的学生,特别是孤残学生、少数民族学生及烈士子女、优抚家庭子女等,可获得减免学费资助。具体办法由高校制订。

3. 辅助措施。各高校利用自有资金、社会组织和个人捐赠资金等,设立奖学金、助学金;对发生临时困难的学生发放特殊困难补助等。

网址:http://www.xszz.cee.edu.cn

第三十一章 奖学金的评定

说了那么多,终于到了大家最期盼最关注的高大上的奖学金啦,下面这一章就是关于营口理工学院奖学金的介绍,想申请奖学金的同学们走过路过千万不要错过哦。虽然各项奖学金都需要到大二才开始参评,但是参照的是大一一学年的成绩呢,同学们千万要高度重视、提早准备哦。

第一节 奖学金的种类

闲话少说,先随编者来盘点一下我们营口理工学院的奖学金种类吧。

我们营口理工学院公开评定的奖学金主要有国家(省政府)奖学金、国家励志奖学金、校内优秀学生奖学金及校外奖学金,都是以学年为单位来评定的。随着学校规模的扩大和制度的完善,相信不久的将来就会有其他奖学金隆重登场。虽然每一项奖学金无论是奖金还是荣誉都很诱人,但鱼和熊掌不可兼得,各项奖学金自然也不可兼得,做人可不要太贪哦!

一、基本申请条件

无论是哪一类的奖学金,都要具备基本的申请条件,具体如下:
1. 热爱祖国,拥护中国共产党的领导。
2. 遵守宪法和法律,遵守学校各项规章制度,前一学年未受到过纪律处分。

3. 诚实守信,道德品质优良。
4. 学习成绩优异,综合素质高;社会实践能力、创新能力等特别突出。
5. 积极参加学校组织的各项活动,关心集体,团结同学。
其中,国家励志奖学金还要求家庭经济困难,生活俭朴。

二、奖学金的种类、金额及具体申请条件

营口理工学院各项奖学金具体金额、申请条件等请参见表31-1。

表31-1 营口理工学院公开评定的各项奖学金一览表

奖项设置	奖助金额	获得人数	申请范围	申请条件
国家/省政府奖学金	8 000/人/年	省资助中心统一分配	二年级及以上全日制在校生	学年内未受到纪律处分;达到校内一等奖学金评定标准
国家励志奖学金	5 000/人/年	省资助中心统一分配	二年级及以上全日制通过当年贫困认定的在校生	学年内未受到纪律处分;达到校内二等奖学金评定标准
综合奖学金	一等3 000/人/年 二等1 500/人/年 三等1 000/人/年	一等约为参评人数的1% 二等约为参评人数的5% 三等约为参评人数的8%	全日制二年级及以上在校生	学年内未受到纪律处分。 一等:综合测评成绩90分以上,单科成绩70分以上; 二等:综合测评成绩85分以上; 三等:综合测评成绩80分以上

第二节 奖学金的评定流程

一、综合素质测评

各项奖学金的评定以学生综合素质测评成绩为基本依据,所以,每年的综合素质测评都会在秋季开学初评定奖学金之前完成。综合素质测评每学期进行一次,学年总成绩作为参评奖学金的依据,学生学期综合素质测评包括智育、德育两大部分,各部分的比例分别为 70%、30%。公式如下:

综合测评分 = 智育总分 + 德育总分

智育总分 = ($\sum$学期考试(考查)成绩 × 学分 / $\sum$学分)× 0.7

德育总分 = (100 + 精神文明表现分 + 科技学术与创新分 + 社会实践与社团活动分 + 参与活动分 + 操行评定分 + 其他分)× 0.3

智育总分每学期由教务处统一核算,德育成绩具体加分参见《营口理工学院综合素质测评办法》。

二、宣传与申报

每年 10 月份,学生资助管理中心及各学院都会本着公平、公开、公正的原则,积极向学生宣传国家及学校的各项奖学金制度,组织学生按照奖学金的基本申请条件和评定要求提供相关材料(学习成绩、社会实践、获奖证书等)。

三、各系评审

辅导员、班主任老师收集学生提交的相关材料,交由各学院评议小组评定,各学院成立以学院副书记(副主任)为组长,学办主任、辅导员、班主任为成员的奖学金评定小组,按照学年内"奖奖不兼得、奖助可兼得"的原则审核评定各项奖学金。

四、公示及上报

各学院评议小组评审后将评审结果在学院内公示 3 个工作日，公示无异议后建立获奖学生电子档案，并提交校学生资助管理中心审核，学生资助管理中心审核无误后将评选结果在校内公示 5 个工作日，公示无异议后，上报至学校奖、助学金领导小组讨论备案。

第三节 奖学金的发放和使用

一、奖学金的发放

每年 10 月份，校学生资助管理中心会统一组织各项奖学金的评定工作。11 月份，还会配合财务处组织获得奖学金的同学填写、核对学校统一发放的银行卡号，所有奖学金都将在 11 月底或 12 月初一次性发放到大家的银行卡中。

【编者提醒】

核对卡号虽说看似容易，而且涉及同学们的切身利益，但根据以往的经验而言，尽管辅导员、班主任和班级干部三番五次提醒，也依然避免不了卡号的错误，每年都会因为部分同学核对不认真、卡号错误而耽误奖学金的统一发放。编者在这里提醒大家，这一点可不要学你们的学长学姐哦。

【防骗小贴士】

近年来，不少同学反映，有人借发放奖助学金之名行诈骗之实。听闻此事，我们甚是担忧，防人之心不可无，需时刻保持警惕，谨防被骗。上学年，A 同学就接到电话，对方称奖学金钱款已到账，向其询问除中行外的其他银行卡号。A 同学心存疑惑，提出要先联系辅导员老师予以核实。此言一出，对方立即挂断了电话。没错，A 同学遭遇诈骗了！编者在此提醒各位同学，接到类似电话或短信后，请勿轻信，须立即与辅导员老师取得联系进行核实，或咨询学生资助管理中心老师（联系电话：0417-3588558），切勿随便将个人信息透露给对方。同时，请大家注意，学生资助管理中心完成每一次奖助学金评定工作时，都会统一发送文件知会各学院。学生所获得的各项奖学金，将全部由学校财务处一次性发放到学生建设银行校园卡中。

二、奖学金的使用

面对少则上百，多则上千元的奖学金，同学们会不会觉得沉甸甸的，不知道该怎么分配呢？说到这点，编者又忍不住打开话匣子啦，同学们可不要嫌我啰唆啊，毕竟咱也是过来人啦。

据调查显示，学校获奖学生对奖学金的分配出现了多样性的特点。"从学习中来到学习中去"，一部分同学选择把奖学金投入学习中。2016级电气系的小刘同学说："我觉得奖学金是对我学习最好的鼓励，可以买点书来看看，充充电，而不是把奖学金肆意地去浪费，奖学金应该从学习中来到学习中去。因此，我准备用这次的奖学金去买一些平时买不起的学习用品。"

一部分同学选择把奖学金作为生活费或学费。来自农村的同学通常会把这笔自己和家人眼里的"巨款"，全部用于学费和生活费的开支，可以减轻家里好多负担呢。还有一部分同学愿意拿出一定数量的奖学金捐出来给那些需要帮助的人。虽然钱不算多，但这种温暖人心的做法值得推崇和点赞。

无论获得的奖学金是多还是少，绝大部分同学都会不约而同地给亲人买礼物。他们说尽管东西不贵，可自己得的奖金与家人分享才更有意义。另外，还有部分同学会去旅游，奖励自己，也有少部分同学用于投资创业等。

然而，并非每位奖学金获得者都能把钱用在刀刃上，甚至困扰要多于快乐。大三的小王已经是第二次得奖学金了，可是钱还没到手，她就已经把请客的清单列好了：大学同学，高中同学，初中同学……细细算下来，3000元就化成泡影了。现在，得了奖学金的同学要请客吃饭，似乎已经成了大学校园的潜规则，"别人得了钱会请同学吃饭，你如果不请，就会被认为是小气，以后和同学的关系难免受到影响"。小王说，"有些钱花得乐意，但钱花多了也是很心疼的"。

对大多数学生而言，奖学金是一种荣誉，很多人都不愿意把奖学金用在吃喝上，但又害怕在同学们中被孤立，或者迫切需要与朋友分享喜悦而动用奖学金请客吃饭。奖学金取之光荣，还需用之有道。获奖的同学与朋友一起庆祝、分享内心的喜悦，是可以理解的。但泛滥的请客，请客金额甚至超过自己所拿的奖学金则是没有必要的，也扭曲了奖学金设置的真正用意。

【编者提醒】

第一，从他律角度而言，国家及学校对奖学金的用途是有规定的，严禁将奖学金用于请客吃饭、购买高档奢侈品等不正当用途中。

第二，从自律角度而言，大学生应该树立正确的消费观，合理地规划和使用奖学金，要正确地看待奖学金，调整好自己的心态，克服"虚荣、攀比心理"和"死要面子活受罪"的心理，真正将奖学金用在刀刃上。

第三十二章 助学金的评定

说完了高端大气上档次的奖学金后,接下来是有关助学金的介绍,各位想申请助学金的同学千万不要错过。(如果大一没有意识到还有助学金存在的同学,可以大一学年结束的暑期准备材料,并在大二的开学申请。)

第一节 贫困认定

为认真做好我校家庭经济困难学生认定工作,公平、公正、合理地分配资助资源,切实保证国家和省制定的各项高等学校资助政策和措施真正落到实处,学院高度重视贫困认定工作,将其作为每年开学初的一项常规工作。贫困认定结果将作为国家励志奖学金、国家助学金评定的重要依据。下面编者把国家及辽宁省最新的指导意见列给大家,请仔细阅读哈!

教育部等六部门关于做好家庭经济困难学生认定工作的指导意见

教财〔2018〕16号

各省、自治区、直辖市教育厅(教委)、财政厅(局)、民政厅(局)、人力资源社会保障厅(局)、扶贫办(局)、残联,各计划单列市教育局、财政局、民政局、人力资源社会保障局、扶贫办(局)、残联,新疆生产建设兵团教育局、财政局、民政局、人力资源社会保障局、扶贫办、残联,中央部门所属各高等学校:

为深入贯彻党的十九大精神，不断健全学生资助制度，进一步提高学生资助精准度，现就家庭经济困难学生认定工作提出以下意见：

一、重要意义

做好家庭经济困难学生认定工作，是贯彻落实党中央、国务院决策部署，全面推进精准资助，确保资助政策有效落实的迫切需要。近年来，我国学生资助政策体系逐步完善，经费投入大幅增加，学生资助规模不断扩大，学生资助工作成效显著，极大地促进了教育公平，为教育事业健康发展、脱贫攻坚目标如期实现提供了有力保障。认定家庭经济困难学生是实现精准资助的前提，是做好学生资助工作的基础。各地、各校要把家庭经济困难学生认定作为加强学生资助工作的重要任务，切实把好事做好、实事办实。

二、认定对象

家庭经济困难学生认定工作的对象是指本人及其家庭的经济能力难以满足在校期间的学习、生活基本支出的学生。本意见中的学生包括根据有关规定批准设立的普惠性幼儿园幼儿；根据国家有关规定批准设立、实施学历教育的全日制中等职业学校、普通高中、初中和小学学生；根据国家有关规定批准设立、实施学历教育的全日制普通本科高等学校、高等职业学校和高等专科学校招收的本专科学生（含第二学士学位和预科生），纳入全国研究生招生计划的全日制研究生。

三、基本原则

（一）坚持实事求是、客观公平。认定家庭经济困难学生要从客观实际出发，以学生家庭经济状况为主要认定依据，认定标准和尺度要统一，确保公平公正。

（二）坚持定量评价与定性评价相结合。既要建立科学的量化指标体系，进行定量评价，也要通过定性分析修正量化结果，更加准确、全面地了解学生的实际情况。

（三）坚持公开透明与保护隐私相结合。既要做到认定内容、程序、方法等透明，确保认定公正，也要尊重和保护学生隐私，严禁让学生当众诉苦、互相比困。

（四）坚持积极引导与自愿申请相结合。既要引导学生如实反映家庭经济困难情况，主动利用国家资助完成学业，也要充分尊重学生个人意愿，遵循自愿申请的原则。

四、组织机构及职责

教育部、财政部、民政部、人力资源社会保障部、国务院扶贫办、中国残联根据工作职责指导全国各级各类学校家庭经济困难学生认定工作。

各地要建立联动机制，加强相关部门间的工作协同，进一步整合家庭经济困难学生数据资源，将全国学生资助管理信息系统、技工院校学生管理信息系统与民政、扶贫、残联等部门有关信息系统对接，确保建档立卡贫困家庭学生、最低生活保障家庭学生、特困供养学生、孤残学生、烈士子女、家庭经济困难残疾学生及残疾人子女等学生信息全部纳入家庭经济困难学生数据库。

各高校要健全认定工作机制，成立学校学生资助工作领导小组，领导、监督家庭经济困难学生认定工作；学生资助管理机构具体负责组织、管理全校家庭经济困难学生认定工作；院（系）成立以分管学生资助工作的领导为组长，班主任、辅导员代表等相关人员参加的认定工作组，负责认定的具体组织和审核工作；年级（专业或班级）成立认定评议小组，成员应包括班主任、辅导员、学生代表等，开展民主评议工作。

各中等职业学校、普通高中、初中、小学、幼儿园要成立家庭经济困难学生认定工作组，负责组织实施本校家庭经济困难学生认定工作。成员一般应包括学校领导、资助工作人员、教师代表、学生代表、家长代表等。

五、认定依据

（一）家庭经济因素。主要包括家庭收入、财产、债务等情况。

（二）特殊群体因素。主要指是否属于建档立卡贫困家庭学生、最低生活保障家庭学生、特困供养学生、孤残学生、烈士子女、家庭经济困难残疾学生及残疾人子女等情况。

（三）地区经济社会发展水平因素。主要指校园地、生源地经济发展水平、城乡居民最低生活保障标准，学校收费标准等情况。

（四）突发状况因素。主要指遭受重大自然灾害、重大突发意外事件等情况。

（五）学生消费因素。主要指学生消费的金额、结构等是否合理。

（六）其他影响家庭经济状况的有关因素。主要包括家庭负担、劳动力及职业状况等。

六、工作程序

家庭经济困难学生认定工作原则上每学年进行一次，每学期要按照家庭经济困难学生实际情况进行动态调整。工作程序一般应包括提前告知、个人申请、学校认定、结果公示、建档备案等环节。各地、各校可根据实际情况制定具体的实施程序。

（一）提前告知。学校要通过多种途径和方式，提前向学生或监护人告知家庭经济困难学生认定工作事项，并做好资助政策宣传工作。

（二）个人申请。学生本人或监护人自愿提出申请，如实填报综合反映学生家庭经济情况的认定申请表。认定申请表应根据《家庭经济困难学生认定申请表（样表）》，由省级相关部门、中央部属高校结合实际，自行制定。

（三）学校认定。学校根据学生或监护人提交的申请材料，综合考虑学生日常消费情况以及影响家庭经济状况的有关因素开展认定工作，按规定对家庭经济困难学生划分资助档次。学校可采取家访、个别访谈、大数据分析、信函索证、量化评估、民主评议等方式提高家庭经济困难学生认定精准度。

（四）结果公示。学校要将家庭经济困难学生认定的名单及档次，在适当范围内、以适当方式予以公示。公示时，严禁涉及学生个人敏感信息及隐私。学校应建立家庭经济困难学生认定结果复核和动态调整机制，及时回应有关认定结果的异议。

（五）建档备案。经公示无异议后，学校汇总家庭经济困难学生名单，连同学生的申请材料统一建档，并按要求录入全国学生资助管理信息系统（技工院校按要求录入技工院校学生管理信息系统）。

七、相关要求

各级教育、财政、民政、人力资源社会保障、扶贫、残联等部门要加强对家庭经济困难学生认定工作的监督与指导，发现问题，及时纠正。

各级民政、人力资源社会保障、扶贫、残联等部门要为学生家庭经济状况的核实认定工作提供必要依据和支持，确保建档立卡贫困家庭学生、最低生活保障家庭学生、特困供养学生、孤残学生、烈士子女、家庭经济困难残疾学生及残疾人子女等信息真实有效。

各级教育、人力资源社会保障等部门和学校要加强学生资助信息安全管理，不得泄露学生资助信息。

各学校要加强学生的诚信教育，要求学生或监护人如实提供家庭经济情况，并及时告知家庭经济变化情况。如发现有恶意提供虚假信息的情况，一经核实，学校要及时取消学生的认定资格和已获得的相关资助，并追回资助资金。

八、附则

各地、各中央部属高校要根据本意见，结合实际，制（修）定具体的认定办法，并报全国学生资助管理中心备案。

科研院所、党校、行政学院、会计学院等研究生培养单位的家庭经济困难学生认定工作，参照本意见执行。

本意见自发布之日起施行。《关于认真做好高等学校家庭经济困难学生认定工作的指导意见》（教财〔2007〕8号）同时废止。

本意见由教育部、财政部、民政部、人力资源社会保障部、国务院扶贫办、中国残联负责解释。

一、申请贫困认定所需材料

1. 学生根据个人情况提供一份申请书。
2. 《营口理工学院家庭经济困难学生民主评议表》原件一份。
3. 《营口理工学院家庭经济困难学生认定申请表》原件一份。

学生提供下列证件之一的可认定为家庭经济特殊困难：低保证、孤儿证、建档立卡相关材料、特困证（若证件中无本人信息，需提供家庭户口本全部页码的复印件一份）等证件的复印件一份。

二、认定等级的划分

根据学生家庭收入状况，参照营口市居民最低生活保障标准来认定。认定等级分为家庭经济一般困难（简称贫困）和家庭经济特殊困难（简称特困）两个等级。

1. 家庭经济一般困难是指学生家庭经济月收入或年收入低于家庭所在地平均水平，学生本人在校期间月正常生活费低于我校正常消费水平，且难以支付该生在校正常学费和生活费，经学校认定可确定为困难学生。

家庭经济一般困难学生重点是来自贫困地区农村和城市棚户区学生或城镇父母双方均为下岗职工（或一方丧失劳动能力、父母患有重大疾病及单亲家庭）的学生。

2. 家庭经济特殊困难是指来自享受城镇最低生活保障金或低保边缘家庭以及农村特困户家庭，且在校期间日常消费水平较低的学生，经学校认定可确定为特困学生。特困学生应持有低保证、救济证、特困证、孤儿证等有关证件。

3．特殊情形的认定：

具有下列条件之一者，无法提供低保证、救济证、特困证、孤儿证等有关证件，提供家庭所在地乡镇、街道民政部门盖章的证明可认定为特困学生：

（1）父母双亡，没有固定经济来源的学生。

（2）父母离异或一方已故，没有固定经济来源的学生。

（3）父母年老体弱或伤残，丧失劳动能力，并且家中无其他劳动力，没有固定经济来源的学生。

（4）父母一方得重病长期处于治疗状态，家庭经济十分拮据的学生。

（5）家庭发生不可抗拒的重大变故且无经济资助的学生。

（6）因地方原因，无法办理特困证或无故不予办理特困证的家庭经济困难学生。

（7）以上未规定的其他情形。

具有下列行为之一者，即使持有当地民政部门出具的贫困证明或特困证也不能认定为家庭经济困难学生：

（1）购买高档笔记本电脑并使用高档手机者。

（2）购买高档娱乐电器、高档时装和高档化妆品者。

（3）在校外租房并经常出入营业性网吧、卡拉OK等娱乐性场所者。

（4）节假日经常外出旅游者。

（5）弄虚作假，谎报家庭经济困难者。

（6）安排勤工助学和公益劳动不愿意参加者。

（7）购置电脑主要用于非学习用途者。

（8）以上未规定的其他情形。

三、认定程序

1．学生本人申请，准备相关材料。新生相关材料需随录取通知书一并邮寄；其他学生相关材料需在上一学期放假前进行说明。

2. 每秋季学期开学时，认定评议小组组织学生填写《营口理工学院家庭经济困难学生认定申请表》原件，并负责收集其他相关材料。

3. 各学院认定评议小组根据学生提交的相关材料，以学生家庭人均收入对照营口市居民最低生活保障标准，并结合学生日常消费行为以及影响其家庭经济状况的有关情况，认真进行评议，确定本年级（或专业）各档次的家庭经济困难学生资格，报学院认定工作组进行审核。

4. 学院认定工作组审核通过后，要将家庭经济困难学生名单及档次，以适当方式、在适当范围内公示5个工作日。如师生有异议，可通过有效方式向本系认定工作组提出质疑。认定工作组应在接到异议材料的3个工作日内予以答复。如对学院认定工作组的答复仍有异议，可通过有效方式向院学生资助管理机构申请复议。院学生资助管理机构应在接到复议提请的3个工作日内予以答复。如情况属实，应做出调整。若无异议，建立贫困生电子档案，上交院学生资助管理机构。

5. 院学生资助管理机构负责汇总各院系审核通过的《营口理工学院家庭经济困难学生认定申请表》和《营口理工学院家庭经济困难学生民主评议表》，报院学生资助工作领导小组审批。

四、后续管理

如果你认为只要通过大一时的贫困认定就可以一劳永逸，安安稳稳拿助学金，那你就大错特错了。学生资助管理中心每春季学期会组织各学院对全部家庭经济困难学生进行一次资格复查，并不定期地随机抽选一定比例的家庭经济困难学生，通过信件、电话、实地走访等方式进行核实。如发现弄虚作假现象，一经核实,取消资助资格,收回资助金。情节严重的,依据有关规定进行严肃处理。

第二节 国家助学金

国家助学金是为了体现党和政府对普通本科高校、高等职业学校和高等专科学校家庭经济困难学生的关怀,由中央与地方政府共同出资设立的,用于资助家庭经济困难的全日制普通本专科(含高职、第二学士学位)在校学生的助学金。

一、资助标准

全国平均每人每年3 300元。我校国家助学金分为两个等级,一等每人每年4 400元,二等每人每年2 750元,分两次发放。

二、基本申请条件

1. 热爱祖国,拥护中国共产党的领导。
2. 遵守宪法和法律,遵守学校规章制度。
3. 诚实守信,道德品质优良。
4. 勤奋学习,积极上进。
5. 家庭经济困难,生活俭朴。

三、申请、评审和发放

每年10月份,国家助学金具体名额下达后,学生资助管理中心及各系都会本着公平、公开、公正的原则,积极向学生宣传国家的资助政策及助学金的认定标准,各学院组织通过本年度贫困认定的同学,按照助学金的基本申请条件积极申报。

辅导员、班主任老师收到学生的申请后组织班级民主评议,选出符合条件的同学,交由各学院评议小组评定,各学院成立以学院副书记（副主任）为组长，学办主任、辅导员、班主任为成员的助学金评议小组，评议小组评审后将评审结果在系内公示3个工作日，公示无异议后建立电子档案，并提交学生资助管理中心审核，学生资助管理中心审核无误后将评选结果在校内公示5个工作日，公示无异议后，上报至学校奖、助学金领导小组讨论备案。

11月份，学生资助管理中心会配合财务处组织获得助学金的同学填写、核对学校统一发放的银行卡号，助学金每学年评定一次，按照学期发放，即"一次评定，两次发放"。

【编者提醒】

助学金的发放和奖学金一样，由财务处统一发放到大家的银行卡中，卡号由学生资助管理中心统一组织同学们核对，其他任何形式索要卡号、身份证号等信息的都有可能是诈骗，请大家提高警惕，谨防上当。

助学金的使用要求也比奖学金严格，因为国家助学金主要资助家庭经济困难学生的生活费用开支，禁止一切形式的请客吃饭、挥霍浪费。各学院每学期也会调查助学金的用途，编者在此提醒获得助学金的同学一定不要辜负了国家和学校的一番苦心啊！

在同一学年内，申请并获得国家助学金的学生，可同时申请并获得各项奖学金。

第三十三章　助学贷款和勤工助学

奖、助学金很诱人吧，不过毕竟名额有限，对这两项都没什么信心又想减轻家里负担的同学也不要着急和气馁啊，还有助学贷款和勤工助学呢。接下来这一章就是关于助学贷款和勤工助学的倾情推送，还等什么，快来围观吧。

第一节　生源地助学贷款

营口理工学院统一执行的是国家生源地信用助学贷款。这是一种学生需通过户籍所在县（市、区）的学生资助管理机构申请办理（有的地区直接到相关金融机构申请）的国家助学贷款，学生和家长为共同借款人，共同承担还款责任！其利率执行中国人民银行同期公布的同档次基准利率，不上浮，且学生在校期间的利息由财政全部补贴，毕业后的利息由学生和家长共同承担。

一、申请条件

1. 具有中华人民共和国国籍。
2. 诚实守信，遵纪守法。
3. 已被根据国家有关规定批准设立、实施高等学历教育的全日制普通本专科高校、高等职业学校和高等专科学校正式录取，取得真实、合法、有效的录取通知书的新生或高校在读学生。

4. 学生本人入学前户籍、其父母（或其他法定监护人）户籍均在本市、县（市、区）。

5. 家庭经济困难，所能获得的收入不足以支付在校期间完成学业所需的基本费用。

二、办理程序

生源地信用助学贷款按年度申请、审批和发放。学生在新学期开始前，向家庭所在县（市、区）的学生资助管理部门提出贷款申请（有的地区直接到相关金融机构申请）。县级学生资助管理部门负责对学生提交的申请进行资格初审。金融机构负责最终审批并发放贷款。

三、贷款金额

本专科生每人每年最高不超过 8 000 元。

四、贷款利息

生源地信用助学贷款利率执行中国人民银行同期公布的人民币贷款基准利率，不上浮。学生在校期间的利息由财政全额贴息，毕业后的利息由学生和家长（或其他法定监护人）共同负担。

五、还款期限和还款方式

生源地信用助学贷款期限原则上按全日制本专科学制加 10 年确定，最长不超过 14 年，其中，在校生按剩余学制年限加 10 年确定。学制超过 4 年或继续攻读研究生学位、第二学士学位的，相应缩短学士毕业后的还款期限。学士在校及毕业后两年间为宽限期，宽限期后由学士和家长（或其他法定监护人）按借款合同约定，按年度分期偿还贷款本息。

六、注意事项

1. 首次申请贷款时，学生应与共同借款人同时到现场办理贷款手续，并携带学生及共同借款人的身份证原件和复印件、录取通知书原件和复印件（仅新生）、学生证原件和复印件（仅在校生）、学生及共同借款人户口簿原件、《申请表》原件（网上填写、导出并由学生签字）。

续贷时，学生或共同借款人任意一方到现场办理贷款手续即可，并携带办理人身份证原件、《申请表》原件（网上填写、导出并由学生签字）。

2. 如何进入学生在线服务系统？提示"证书错误"无法打开怎么办？

在百度中搜索"国家开发银行助学贷款信息网"或直接输入网址 http://www.csls.cdb.com.cn 进入助学贷款信息网，然后单击页面左侧的"学生在线服务系统（生源地）"或"学生在线服务系统（高校）"即可进入相应的学生在线服务系统。

当网页提示"此网站的安全证书存在问题"或"证书错误"时，选择"继续浏览此网站（不推荐）"即可正常打开学生在线服务系统，不影响正常使用。

3. 忘记学生在线服务系统登录密码怎么办？

忘记登录密码时，可在系统中自行重置密码。操作方法：单击登录首页的"忘记密码"按钮，并选择重置密码方式（1.回答系统问题；2.填写密码提示问题和答案），然后根据系统提示依次填写身份证号、共同借款人姓名、系统中预留的QQ号（第1种方式），或身份证号、密码提示问题、密码提示答案（第2种方式）即可。

如通过上述方式无法重置密码，可拨打国家开发银行助学贷款呼叫中心电话95593或联系县（局）资助中心老师重置密码。

4. 贷款什么时候发放？如何了解贷款受理进度？

国家开发银行助学贷款通常在每年 11 月中旬集中发放，贷款发放后，支付宝会以短信方式将通知发送到借款学生在系统中预留的手机号码。借款学生也可登录学生在线服务系统，在"贷款申请"功能中查询发放状态。

5. 什么是支付宝？需要在贷款发放前完成哪些操作？

支付宝是国内最大的第三方支付平台，主要提供电子支付、网上支付、手机支付等服务。所有借款学生（除个别地区）在申请国家开发银行助学贷款时，都会获得一个专用的支付宝账户，用于发放和回收贷款。

首次贷款学生在现场办理贷款手续时，助学贷款系统会自动生成一个支付宝账户，并将账户名打印在《借款合同》上，将初始密码（包括登录密码和支付密码）打印在《贷款受理证明》上。办理完贷款手续的 1～2 天后，学生应使用账户名和初始密码登录支付宝账户，将登录密码和支付密码修改为自己的个性化密码，确保账户安全。此外，有条件的学生可按照支付宝"帮助中心"提示完成账户实名认证工作，方便今后更好地使用账户。

6. 支付宝账户的密码是什么？忘记密码怎么办？

支付宝账户的密码有两个，分别为登录密码和支付密码，借款学生可在《贷款受理证明》上或在学生在线服务系统首页查找两个初始密码。

若忘记支付宝密码，可使用支付宝网站的密码重置功能，通过上传身份证扫描件、验证手机号码或验证电子邮箱等方式自行重置密码。此外，也可拨打支付宝客户服务热线 95188 通过人工服务重置密码。

7. 贷款发放后剩余的钱在哪里？如何使用？

若贷款缴纳学费和住宿费后仍有剩余，剩余的钱会存放在助学贷款专用的学生支付宝账户中，借款学生需先完成支付宝账户的实名认证，然后才能将钱转到自己的银行卡中使用。

8．如何联系县资助中心和国家开发银行？

如有助学贷款相关问题，可拨打国家开发银行助学贷款呼叫中心电话 95593 咨询。此外，也可访问国家开发银行助学贷款信息网（http://www.csls.cdb.com.cn），单击页面左侧的"各分行及资助中心联系方式"，查询国家开发银行各分行、各省资助中心、各县资助中心及各高校联系方式。

七、按时还款的必要性——关乎诚信那些事

（一）个人信用记录

一说起诚信这个话题，编者突然觉得有点儿沉重，诚实守信是中华民族的优良传统，可时至今日，却屡屡成为拷问人心的试金石，社会公德中要讲，职业道德中也讲，甚至法律都要求讲诚实信用的原则，说来不得不让人深思啊。"诚信"是人生路上最宝贵的基石，是职业生涯里最耀眼的名片。为了不让自己的个人信用记录留下抹不去的污点，请同学们切记履行贷款合同约定的还款义务，按时足额还款。

个人信用记录是笔无形的财富，除了赢得好名声外，其最大的好处是为个人积累信誉财富，可以用作向银行借款的信誉抵押品，为个人方便快捷优惠地办理贷款、信用卡等业务提供帮助。国家开发银行为每一位借款学生都建立了个人信用记录，并根据中国人民银行的要求，将同学们的个人信用记录定期报送中国个人征信系统。拥有个人信用记录以后，相当于建立了一个个人的信用档案，每一次按时向银行偿还贷款和信用卡透支额，都将收集在个人信用记录中，为你积累信用财富。

在同学们最困难的时候，政府和银行伸出了援助之手，帮助同学们完成学业。同学们应该恪守诚信，在毕业后履行还款义

务，以实际行动支持国家助学贷款政策，同时也为个人积累信用财富。

（二）中国个人征信系统

中国个人征信系统是由中国人民银行组织，各商业银行建立的个人信用系统。其信息包括三大类：一是身份识别信息，包括姓名、身份证号码、家庭住址、工作单位等；二是贷款信息，包括贷款发放银行、贷款额、贷款期限、还款方式、实际还款记录等；三是信用卡信息。2006年1月，个人征信系统在全国范围内上线运行。根据国家相关文件规定，对没有按照协议协定的期限、数额归还国家助学贷款的学生，经办银行对违法贷款金额计收罚息，并将其违约行为载入个人征信系统，金融机构不再为其办理新的贷款和其他授信业务。只要违约学生毕业后有了工作，在银行开办了工资账户，他的信用信息就会在个人征信系统里留下记录，很容易就能被找到。另外，所有借款学生的相关信息也将进入个人征信系统中，并成为其今后办理信贷业务的重要考虑因素。

（三）助学贷款违约后果

1. **失约惩戒**：未按贷款合同约定按时归还贷款本金的，根据实际逾期金额和逾期天数计收罚息，罚息利率为正常借款利率的130%。

2. **失信惩戒**：按照国家相关规定，国家开发银行将对多次逾期、恶意拖欠贷款的借款学生采取以下措施：

（1）将违约学生信息及共同借款人信息载入人民银行个人征信系统。一旦不良信用记录被载入个人征信系统，将直接限制学生及共同借款人的个人信用卡、购房、购车贷款等几乎所有与金融机构有关的金融产品的申请与使用。

（2）将违约学生信息载入毕业生学历查询系统，并向违约学生及共同借款人就业单位通报违约情况。这将对违约学生的就业、参加各种社会招聘考试等活动产生较大影响。

（3）违约情节严重的贷款人还将承担相关法律责任。

（四）违约案例

2005年郭先生在校期间向国家开发银行申请并获得助学贷款5 000元。2007年他毕业到外地工作，抱着侥幸心理，他一直拖欠助学贷款利息。高校和国家开发银行通过电话、QQ群、寄送信函、请与其同乡的在校学生专程上门拜访等方式均无法联系到他。2010年，郭先生向某商业银行申请住房贷款遭到拒绝，原因是征信系统中显示其助学贷款利息已逾期两年。于是他赶忙主动联系国家开发银行并提前结清了5 900元的贷款本息，希望能消除不良记录。但现行《征信管理条例》规定该记录仍将被保留五年，这五年里郭先生申请任何贷款都将受到更严格的审核，需要提供更苛刻的还款能力和资产证明，并无法享受任何银行的优惠措施。郭先生对此后悔不已，表示今后将像爱护自己的眼睛一样，珍惜自己的信用记录。（选自《中国财经报》2011年3月3日）

第二节　勤工助学

勤工助学是一边求学读书，一边工作、劳动，是学校实施劳动教育活动的形式之一。它与教学活动、科技活动、文体活动和公益劳动一样，都是学校教育活动的一种。勤工助学不仅能够帮助大学生靠自己的劳动赚取生活费用，还能使学生提高实践能力和创新意识，为将来就业创业打下良好的基础。

营口理工学院为各位想要参与勤工助学、用劳动换取报酬的同学们提供了大量的岗位，有打扫教学楼阶梯、教室卫生，图书馆图书上架或图书整理，食堂打餐，收拾餐具等，当然还有为老师充当助教这样高端大气上档次的岗位。工资按小时计算，每小时14元，不过一定要注意：每月工作时间累计不超过 40 小时，大学生还是要以学习为主。

每学期开学的一个月内学校都会进行勤工助学岗位纳新，有兴趣的同学届时一定要密切关注相关信息，及时向辅导员老师或学生资助管理中心工作人员咨询，可千万不要错过了哦。